Jürgen
Habermas

위르겐 하버마스, 의사소통적 행위 이론

/ 한기철

KB213338

컴북스이론총서

급변하는 세상에서도 깊은 안목과 넓은 시야는 절실합니다. 우리 시대의 인문 · 사회 · 기술 사상을 10개 항목으로 풀고 다시 엮었습니다. 오늘의 독자, 내일의 사상가를 거인의 어깨 위에 앉혀 드리겠습니다.

일러두기

- 인명, 작품명, 저서명, 개념어 등은 한글과 함께 괄호 안에 해당 국가의 원어를 병기했습니다.
- 외래어 표기는 현행 어문규정의 외래어표기법을 따랐습니다.
- 이 책에서 말하는 『의사소통적 행위 이론』은 위르겐 하버마스의 책 *Theories des kommunikativen Handelns*을 번역한 것으로, 국내 번역본의 제목은 『의사소통행위이론』입니다.

컴북스이론총서

위르겐 하버마스, 의사소통적 행위 이론

한기철

대한민국, 서울, 커뮤니케이션북스, 2022

위르겐 하버마스, 의사소통적 행위 이론

지은이 한기철
펴낸이 박영률

초판 1쇄 펴낸날 2022년 6월 29일

커뮤니케이션북스(주)
출판 등록 2007년 8월 17일 제313-2007-000166호
02880 서울시 성북구 성북로 5-11 (성북동1가 35-38)
전화(02) 7474 001, 팩스(02) 736 5047
commbooks@commbooks.com
www.commbooks.com

CommunicationBooks Inc.
5-11, Seongbuk-ro
Seongbuk-gu, Seoul, 02880, KOREA
phone 82 2 7474 001, fax 82 2 736 5047

ISBN 979-11-288-6348-6 04100
      979-11-288-6349-3 04100 (큰글씨책)

책값은 뒤표지에 표시되어 있습니다.

차례

이성적 사유의 기원과 합리성의 역설

인간은 사고하는 동물이다. 무엇인가에 대해서 '사고(思考)한다'거나 '생각한다'는 말은 무엇을 의미하는가? 20세기 미국의 철학자 존 듀이(John Dewey)는 '사고(thought)'라는 말의 용법, 또는 그것의 의미를 네 가지로 구분해서 설명한다(Dewey, 1933:3~9). 첫째 용법은 대단히 넓은 용법으로, 이때 '사고'는 우리 마음이 무엇인가를 의식하고 있을 때를 통칭하는 말로 쓰인다. 그저 우리 마음속에 무엇인가가 떠오를 때, 우리 머릿속을 무엇인가가 스쳐 지나갈 때, 말하자면 우리의 의식이 작용하고 있을 때 우리는 사고하는 것이다.

'사고'의 둘째 용법은 그것을 우리의 직접적 감각 행위와 구별하는 것이다. 우리는 다섯 가지 감각 기관을 지니고 있고, 그것들로 대상을 '직접적으로' 지각한다. 눈으로 보고, 귀로 들으며, 코로 냄새 맡고, 손으로 만지며, 혀로 맛본다. 사고는 이처럼 직접적인 감각이 아닌 것을 의미한다. 사고할 때 우리는 직접적인 감각기관의 작용을 필요로 하지 않는다.

주목해야 할 용법은 '사고'의 셋째 용법과 넷째 용법이다. 이 두 용법에서 우리는 '사고'를 어떤 증거나 증언을 토대로 우리가 갖게 되는 신념을 가리키는 용어로 제한해 사용하게 된다. 그런데 이 경우 한편으로는 그 증거나 증언에 대해서 별다르게 인지하지 않거나 인지하더라도 그에 대한 심각한 반성이 없는 경우가 있고, 다른 한편으로는 그런 신념을 갖게 된 이유나 증거에 대해서 그 타당성을 면밀히 검토해 보는 경우가 있다. 사고의 셋째 용법과 넷째 용법은 이 두 가지 태도에 따라 구분된다. 우리가 특정 신념을 갖는다고 할 때, 그 신념이 참으로 타당한 것인지 반성적으로 성찰하는 과정을 거친 후 그것을 내 신념으로 삼는 경우가 있을 것이다. 듀이는 이런 종류의 사고를 '반성적 사고(reflective thinking)'라 칭하고 그것이 어떤 형태로 이루어지는지 분석한다. 우리는 반성적 사고에 대한 듀이의 분석 작업을 검토함으로써 인간 사고의 일반적 특성을 유추해 낼 수 있다.

듀이에 따르면 인간 사고는 일종의 '갈래 길 상황'에서 시작된다. 여러 선택지들 중 어느 것을 선택해야 할지 애매한 상황에 닥쳤을 때 사람들은 사고를 시작하게 된다는 것이다. 평탄한 외길을 걷고 있는 사람에게는 적어도 자기가 갈 방향에 대해 별다른 사고가 필요치 않다. 나그네는 그저 걷고 있을 뿐이다. 그러나 아무 생각 없이 길을 걷고 있던 그 앞에 두 갈래 길이 나타난다. 나그네는 둘 중 하나를 선택해야 한다. 이 상황에서 나그네가 취할 수 있는 태도는 두 가지일 것이다. 망설임 없이 어느 한 편을 택해 그 길이 자기가 향하고 있는 목적지로 연결될지 그렇지 않을지 별다른 분석 없이 가던 길을 계속 가거나, 아니면 둘 중에 어느 길을 택해야 목적지로 빠른 시간 내에 편안히 갈 수 있을지를 고민하는 것이다. 전자의 경우에 제대로 된 의미에서의 사고가 개입될 여지는 없다. 오직 후자의 경우에만 사고가 개입된다. 인간 사고는 난관에 봉착했을 때, 장애물을 만났을 때 그것을 해결하기 위한 노력으로 시작된다.

진정한 의미에서 사고는 흐르는 물처럼 진행되는 우리 의식이 그 어떤 미해결의 순간을 만났을 때 비로소 시작된다. 물론 그 난관을 여전히 미해결로 남겨두고 지나갈 수도 있겠다. 그러나 이 경우 어려움은 지속적으로 남아 사람들, 내가 아니라면 내 이웃, 내 후손들의 삶을 괴롭힐 것이다. 인류 역사는 이와 같은 문제 해결의 역사였다고 해도 크게 틀린 말이 아닐 것이다. 인간 사고는 삶을 영위하면서 맞닥뜨리는 당혹감, 혼란, 의문 등에서 시작된다. 사고는 자연 발생적이거나 우발적으로 일어나는 사건이 아니다. 또한 사고는 어떤 일반적인 원리를 따라 이루어지는 과정도 아니다. 사고는 그것을 야기하는 문제가 있기 때문에, 그리고 그것을 해결하기 위해 이루어지는 과정이다(Dewey, 1933:12).

신화적 사고

우리 주변에서 일어나는 여러 사건들이 단지 익숙한 일상에 불과하다면, 그래서 별다른 의구심을 느낄 필요 없이 당연시되는 사건의 연속에 불과하다면, 우리는 굳이 그것들에 우리 관심을 집중시켜 사고를 전개할 필요를 느끼지 않는다. 일상에 묻혀 사는 사람들이라면 주변에서 일어나는 일들을 그저 있는 그대로 받아들이고 그것들에 대해 별다른 문제의식을 갖지 않을 것이다. 만약 인류 역사가 일상의 연속에 불과했다면 학문이니 철학이니 하는 것들도 발생하지 않았을지 모른다. 그러나 세계는 사람들에게 평온한 일상을 허락하지 않았다. 사람들의 삶 자체도 스스로에게 다양한 형태로 스트레스를 주었으며, 오늘날과는 비교할 수 없을 정도로 훨씬 더 사람들의 삶에 근접해 있었던 자연 세계는 종종 감당하기 힘든 재해와 신비로움으로 사람들을 당황케 했다.

　아이가 자라면서 주변 세계에 대해 서서히 눈을 뜬다.

그러다가 태어나서 한 번도 경험한 적이 없는 엄청난 비바람이 몰아치고 오금을 저리게 할 정도의 굉음이 하늘 이편에서 저편까지 이어지는 섬광과 함께 머리 위로 쏟아진다. 밝은 대낮에 갑자기 하늘이 어둑어둑해지면서 하늘 가운데 떠있던 해가 사라진다. 집채만 한 파도가 몰려와 해안가 마을을 쑥대밭으로 만들어 버린다. 아이는 도대체 왜 이런 일이 일어나는지 도무지 알 길이 없다. 급기야 마을에서 가장 나이가 많고 경험이 풍부한 어른을 찾아가 묻는다. 그 어른은 자신이 어릴 적 들었던 이야기들을 다시 이 아이에게 들려줌으로써 아이가 겪고 있는 당혹감, 혼란, 의문들을 해소해 줄 것이다. 사실 그 이야기는 오랜 시간을 거쳐 자신이 속해 있는 공동체 구성원들이 자기들의 삶과 세계를 설명하는 방식으로 전수해 온 것들이다. 그리고 그 이야기들이 일련의 체계를 이루어 사람들의 신념으로 자리 잡게 된다.

고대인들이 지녔던 신념들은 그 깊이에서나 넓이에서 오늘날 우리들이 지닌 것들에 비해 결코 모자라지 않은 것들이었다. 그리고 그런 신념들은 고대인들 나름의 문제의식과 그것을 해결하기 위한 사고 과정을 거쳐 획득된 것들이었을 테다. 오늘날 우리가 겪고 있는 여러 다양한 문제들, 우리 삶과 우리 주위를 둘러싸고 있는 세계에 관한 문제들을 고대인들도 유사한 형태로 겪었을 것이고, 오랜 시간을 거쳐 그것들을 이해하고 설명하기 위한 그들 나름의 체계를 만들어냈을 것이다. 대개는 공동체 내 권위를 지닌 사람들을 중심으로 구성원들 스스로의 삶과 주변 세계를 설명하는 이야기들이 생성되고, 후대를 거치면서 일정한 체계를 갖추어 정착되었을 것이다. 후대 사람들은 자신의 삶과 주변 자연 세계에 대해서 의문이 들었을 때 이 이야기들을 참조해서 이해하고 다시 그것들을 당대 주변 사람들이나 후손들에게 전해 주었을 것이다. 문자가 없었을 때, 이야기들은 사람들의 입을 통해 제한적으로 전달되었겠지만, 문자가 발명되면서 그것들은 더욱 광범위하고 권위 있는 신념으로 사람들의 마음을 지배하게 되었을 것이다.

서양 역사에서 문자화되어 가장 체계적으로 전해 내려오는 '이야기 체계'를 우리는 고대 헬라스 신화에서 찾아볼 수 있다. 우리는 '신화(神話)'라고 번역하지만, 사실 그것의 헬라스 원어 '뮈토스(mythos)'는 이보다 훨씬 넓은 의미를 지닌다. 그것은 "자연이나 인간 세계의 경이적이고 신비적인 현상을 바탕으로 신이나 영웅들의 활동으로 구성된 이야기"이며, 그 속에는 "당대의 사회, 문화를 배경으로 당대인들의 '삶의 현장'이 전개됨과 아울러, 제기된 문제에 대해 그 시대적 합리성을 토대로 한 해답이 제시"
(송병구, 2003:163)되었다.

헬라스 신화는 철학이 등장하기 이전에 사람들의 삶과
자연 세계를 설명하는 유일한 담론 체계였다. 그것은 철
학, 역사 등이 분화되기 이전, 모든 것들이 미분화된 채로
한데 섞여 '전해 내려오는 이야기' 체계였던 것이다(이정
우, 2011:46). 고대인들은 인간 삶의 여러 연유(緣由)들과
자연 세계의 변화무쌍한 움직임들을 이들 이야기 속에서
전개되는 신과 영웅들의 활동과 그들 간 벌어지는 사건들
을 통해서 이해했다. 이러한 뮈토스적인 사고는 기원전 6
세기경에 철학자들이 등장해 이에 강력한 도전장을 내놓
을 때까지 헬라스 사람들의 마음을 지배했다. 아니 일반
적으로 말해 신화적인 사고는 그 이후에도 오랫동안, 심지
어 현재까지 인간 사고와 신념에 오랫동안 막대한 영향을
미치고 있다고 해야 할 것이다.

이성적 사유의 등장

그런데 신화가 사람들의 사고를 지배하고 있던 시대에 자
연계를 기존의 신화적인 것과는 다른 방식으로, 곧 자연계
자체의 운동 원리 또는 우주 생성의 원질을 탐구하는 일을
통해 이해하려는 사람들이 새롭게 등장한다. '철학자(필

로소포스)'라 불린 이들은 자연계와 인간계의 여러 문제들을 단지 전승되어 온 이야기를 바탕으로 이해하는 것을 거부했다. '철학(필로소피아)'이라 불린 새로운 사유 패러다임이 나타난 것이다.

신화는 사건의 연유를 다만 지금까지 그것을 설명해 오던 방식대로 설명한다. 신화에는 그것이 왜 그런지 논리적 타당성에 비추어 꼼꼼히 분석해 보려는 노력이 결여되어 있다. 이에 비해 철학은 개인으로 하여금 "완전히 자기 자신에게로 되돌아와, 자기가 사색하고 참이라고 생각하는 것을 음미하고 증명하면서, 자유롭고 어른스럽게 스스로 연구해 나가는"(Hirschberger, 1965/2012:20) 태도를 요구했다. 이렇게 해서 기원전 6세기 즈음부터 헬라스 사회에는 기존의 담론 체계인 뮈토스와 새로 등장한 필로소피아의 대립, 즉 '전해 내려오는 이야기'와 '이성적 세계관'의 대립 구도가 형성된다(이정우, 2011:47).

아리스토텔레스에 따르면 신화적으로 사고하는 사람들(또는 신에 관한 이야기를 하는 사람들)은 전통적인 가르침을 후세에 전해주는 일만 했을 뿐 그 증명을 전해 주지는 못했으며, 그 점에서 결코 학문하는 사람들이라고는 할 수 없었다(Hirschberger, 1965/2012:20). 이들의 가르침, 곧 우주의 기원과 세상 만물이 운행하는 원인과 원리를 신을 통해서 설명하는 것은 보통의 인간들이 가지는 이해력을 넘어서는 것이었다(이재현, 2012:24). 보통의 이해력을 가진 인간들이 이해할 수 있도록 가르친다는 말은 인간이 지닌 합리적 판단력을 통해서 납득할 수 있는 형태로 가르친다는 말이다. 아리스토텔레스가 밀레투스 사람 탈레스를 철학의 시조(始祖)로 간주한 것도 그의 사유 방식에서 이전의 신화적 사유와는 근본적으로 상이한 '철학적' 사유 방식이 처음으로 나타났다는 점에 주목했기 때문이다. 신화적 사유가 자연의 근본적 원인을 초자연적인 것에서 찾으면서 종교적인 믿음으로 받아들이도록 하는 방식을 취했다면, 철학적 사유는 자연의 근본적 원인을 자연적 영역 안에서 찾으면서 이를 합리적으로 증명하려고 시도했다(이재현, 2012:26).

사실 철학이 등장하고 나서도 대중에게는 뮈토스가 훨씬 더 강하고 광범위한 호소력을 지니고 있었을 것이고, 따라서 사람들은 여전히 뮈토스적인 시각으로 주변 세계와 자기 삶을 이해했을 것이다. 그러나 철학은 대중적인 사고 또는 상식과의 결별을 요구했다. 이제 철학자들은 자연 세계의 움직임을 신들의 활동을 통해 이해하고 설명하는 것이 아니라, 자연 세계 그 자체의 성격과 움직임의 원리를 밝혀내는 일을 통해서 설명하고자 한다.

태양의 움직임은 더 이상 그것을 주관한다고 믿었던 특정 신의 행위를 통해 설명할 일이 아니다. 태양은 그 자체로 움직임의 원리를 지니고 있고 그에 따라 움직이고 있을 뿐이다. 다른 모든 자연물들도 마찬가지다. 그렇다면 우리가 밝혀내야 할 것은? 그것 자체의 속성과 움직임의 원리가 아니겠는가? 철학자들은 바로 이것, 곧 '로고스'를 탐구하는 것을 자신들이 할 일로 여기게 된다.

고대 헬라스 사회에는 일찍부터 말, 계산, 화폐가 발달하고 합리적으로 사리(事理)를 따지는 문화가 성립했는데, 로고스는 이와 같은 헬라스 문명 전체의 성격을 대변하는 말이라고도 할 수 있다(이정우, 2011:28). 로고스는 만물을 지배하는 이법(理法)을 가리키기도 하고, 그것을 인식하는 인간의 능력을 가리키기도 한다. 서양 철학의 뿌리를 고대 헬라스 철학에서 찾는다고 할 때, 그 특징은 로고스로 표현되는 합리적 이성과 인본주의적 세계관에 있다(이재현, 2012:24). 요컨대 철학적 사유는 '이성'이라 불리는 인간의 사유 능력을 활용해 자연계, 나아가 인간계에 존재하는 이치를 탐구하는 사유 양식이라고 할 수 있다.

로고스적 사고는 서양 역사에서 한때(사실은 꽤 오랫동안) 그 세력이 심각하게 약화된 상태로 있기도 했으나 근대가 도래하면서 다시 부활한다. 기독교와 교회에 대한 저항은 이미 14세기 즈음부터 시작되었지만 16세기 종교개혁을 거치면서, 그리고 17~18세기 이른바 계몽주의 시대에 이르러 인간 이성에 대한 신뢰는 절정에 달하게 된다. 계몽주의는 유럽 전역에서 다양한 방식으로 전개되었지만, 그 핵심에는 인간은 자신의 이성을 사용함으로써 우주를 이해할 수 있고 스스로의 삶을 보다 나은 방향으로 개선할 수 있다는 믿음이 자리 잡고 있었다. 계몽주의자들은 종교적, 정치적 권위에 의존해 판단하던 기존의 사유를 인간 이성의 자율적인 활동으로부터 도출된 사유, 합리적 비판을 견뎌낸 사유로 대체하는 것을 목표로 삼았다. "전통적인 생각에서 벗어나 기존의 사상, 사회 제도, 도덕, 문화, 종교 등을 비판적으로 검토하고 새로운 질서를 확립하려는 계몽주의의 출발점은 인간 이성이었다. 계몽주의자들은 인간 이성에 의지해 새로운 삶의 질서를 정립하고자"(이엽, 2004:360~361)했던 것이다.

합리성의 역설(逆說)

그러나 새로운 사회 질서를 정립하는 데 일종의 등불 역할을 했던 이성은 19세기와 20세기에 들어 여러 사상가들에 의해 오히려 인간성을 억압하고 정의와 자유를 훼손하는 기제로 비판의 대상이 된다. 애초에 인간을 무지와 마술로부터 깨어나도록 했던 이성이 이제는 도리어 인간을 새로운 형태의 어둠 속으로 빠져들게 한다는 것이다. 이성은 신화로부터 인간을 해방시키는 역할을 했지만, 이후 그것 자체가 인간을 구속하는 기제로 작용하게 되었다. 리처드 번스타인(Richard Bernstein)의 지적처럼, 원래 자율성과 자유, 정의와 평등, 행복과 평화를 대변했던 이념이 이제 지배와 억압, 가부장제, 불모(不毛), 폭력, 전체주의, 심지어는 테러리즘과 함께 논의되는 이념이 되어 버렸다(Bernstein, 1988:191).

계몽의 이념과 그것을 가능케 한 인간 능력으로서의 이성은 인류 문명 발달의 역사에서 가장 빈번히 언급된 요소 가운데 하나일 것이다. 이성이 아니라면 교양 있는 사람을 판단할 기준도 없었을 것이고, 문명이라 지칭할 만한 것도 없었을 것이다. 그러나 적지 않은 현대 사상가들은 바로 그 이성 때문에 인간 세계가 절망의 나락으로 빠져들었다고 진단한다. 이른바 '암흑기'라 불리던 시대나 절대적 정치권력이 지배하던 시대의 사람들은 외적 권위 때문에 스스로의 이성을 발휘할 수 없었다. 그것을 인간 이성의 힘으로 극복해 낸 것이 계몽이다. 그런데 계몽은 다른 것이 아닌 그것 자체의 내적 논리로 인해 인간을 억압하는 상황을 초래하게 되었다. 이 무슨 아이러니인가?

계몽주의적 이성 또는 근대적 합리성에 내재된 비관적 측면은 초기 프랑크푸르트학파 비판이론가들의 핵심적인 주제였다. 제1세대 비판이론가로 불리는 막스 호르크하이머(Max Horkheimer)와 테오도르 아도르노(Theodor Adorno)는 『계몽의 변증법: 철학적 단상(Dialektik der Aufklärung: Philosophische Fragmente)』(이하 『계몽의 변증법』)에서 오늘날 도처에서 일어나고 있는 퇴보의 싹은 이미 계몽의 개념 자체에 함유되어 있었다고 주장한다. "계몽은 예로부터 인간에게서 공포를 몰아내고 인간을 주인으로 세운다는 목표를 추구해 왔으나, 정작 완전히 계몽된 지구에는 재앙만이 승리를 구가하고 있다"(Horkheimer & Adorno, 1969/2013:21). 더욱 참담한 사실은 이러한 계몽의 자기 파괴적인 속성이 다름 아닌 그것의 토대로 작용했던 인간 이성 자체의 특성에서 비롯된 것이라는 점이다.

계몽적 이성에 대한 제1세대 비판이론가들의 비관적인 시각은 서양 근대 사회의 합리화 과정에 대한 막스 베버(Max Weber)의 암울한 분석으로부터 영향을 받은 것이다. 사실 이성 또는 합리성에 내재된 부정적 측면에 대한 베버의 분석은 죄르지 루카치(Georg Lukacs)의 물화(物化) 이론을 매개로 비판이론가들에게 영향을 주었을 뿐만 아니라, 길게 보면 프리드리히 니체(Friedrich W. Nietzsche)와 마르틴 하이데거(Martin Heidegger)로부터 계승된 현대 포스트구조주의자들의 합리성 비판에도 영향을 미쳤다고 할 수 있다.

근대적 이성의 재조명

그런데 여기서 잠시 되돌아봐야 할 문제가 있다. 그것은 인간 이성, 그리고 인간 이성의 작용으로 이루어진 현대 사회의 흐름들을 반드시 이와 같이 부정적이고 비관적인 시각에서만 다루어야 하는지의 문제다. 이성은 참으로 그 자체의 속성 때문에 인간 사회에 암울한 그림자를 드리울 수밖에 없는가? '근대적 이성의 역설' 또는 '합리화의 패러독스'는 참으로 해소 불가능한 논제로 남을 수밖에 없는가? 우리는 근대적 이성을 다만 해체의 대상으로만 삼아야 하는가? 원래 그것이 지니고 있었다고 하는 해방적 가능성은 단지 허구였을 뿐인가?

제2세대 프랑크푸르트학파 비판이론가들 가운데 한 사람으로 알려진 위르겐 하버마스(Jürgen Habermas)의 중요성은 바로 이 대목에서 발생한다. 포스트모더니즘이 일종의 대세로 작용하고 있던 20세기 중후반, 대부분의 사상가들이 계몽주의적 이성의 역설에 주목하고 그것을 해체하려고 하던 시대에, 하버마스는 오히려 모더니즘의 정신을 되살려 그로부터 우리 삶이 지향해야 할 기준을 구축하고자 한 흔치 않은 사상가들 가운데 한 사람이다.

하버마스는 베버와 제1세대 프랑크푸르트학파 비판이론가들의 시대 진단에서부터 시작된 이른바 '부정적 이성 비판'을 두고 이들 진단에 중요한 오류가 있었다고 지적한다. 그리고 그 오류와 한계를 극복하기 위해 이성을 논의하는 이론적 프레임에 중요한 수정을 가할 것을 요구한다. 그 첫째는 이성 개념을 데카르트식의 고립자적 사고 프레임에서 벗어나 사람들 간의 언어적 상호 작용의 맥락에서 재규정하는 것이다. 인간 이성은 더 이상 고립된 사색인의 특징으로부터 추론될 것이 아니라, 타인과의 의사소통을 행하는 공적 행위의 특징이라는 점에서 접근해야 한다. 그리고 둘째는 인간 사회를 제도로 구성되는 '체제 (system)'의 측면에서만이 아니라 그와 함께 일상인들의 비형식적인 의사소통으로 구성되는 '생활세계(lifeworld)'의 측면에서 바라보는 것이다. 도구적 이성이 체제에서 작동하는 이성이라면, 생활세계에서는 그와 성격이 다른 이성, 곧 의사소통적 합리성이 작동한다. 이성을 개념화하는 철학자들은 이와 같은 의사소통적 합리성에 주목함으로써 베버나 제1세대 프랑크푸르트학파 비판이론가들이 보였던 이성에 대한 비판적 태도를 극복할 수 있다고 하버마스는 주장한다.

하버마스는 베버에서부터 시작된 근대성의 패러독스라는 논제, 그리고 이를 근거로 한 인간 이성의 어두운 측면에 대한 논의를 발전적으로 비판한다. 하버마스에 따르면, 경직화된 이성 또는 도구화된 이성은 단지 이성의 일부분을 그것의 전체로 확대 해석한 결과일 뿐이다. 그리고 이성의 지배적 특성으로 인한 현대 사회의 억압적인 모습도 사실 근대적 이성을 이처럼 편협하게 해석한 결과로부터 나온 진단이라고 보아야 한다. 근대적 이성, 그리고 그를 토대로 한 모더니티는 생명이 다해 이제는 그 경직된 흔적만을 남겨 놓은, 그 점에서 해체되어야 할 대상이 아니라, 아직 우리 사회에서 실현되어야 할 여전히 가능성으로 존재하고 있는 이념 체계이다. 하버마스는 비판이론이 보다 생산적인 사회 이론으로 기능하려면 근대성의 부분적 왜곡에 집착해 그것을 해체하려고만 할 것이 아니라, 여전히 실현을 기다리고 있는 가능성들을 재조명해냄으로써 근대성이 지닌 가치를 적극적으로 드러내는 것이 현대를 살아가는 우리들이 해야 할 일이라고 주장한다.

하버마스의 의사소통적 행위 이론의 핵심 논제, 곧 의사소통적 합리성 개념이 제공하는 규범성은 현대 대중 사회에서 왜곡되고 쇠퇴해 버린 '공론장'의 기능을 복구하는 데 반드시 필요한 것이기도 하다. 하버마스는 자신의 초기작인『공론장의 구조 변동: 부르주아 사회의 한 범주에 관한 연구』에서, 근대 사회 부르주아 시민의 등장과 함께 형성되어 현대 사회의 전반적 민주화를 가능케 했던 공론장이 20세기 후반에 들어 그 정치적 기능을 상실했다고 진단한다. 정치적 공론장의 붕괴는 후기 자본주의 국가 체제의 정당성에 심각한 위기가 도래했음을 의미한다. 파당적 사견들만이 정쟁의 무대 위에서 각축전을 벌이고, 공공의 이익을 기준으로 그것들을 중재해야 할 대중 매체는 권력과 자본에 예속되어 그 고유한 기능을 상실했다. 엄밀히 따지자면 오늘날 우리가 누리고 있는 '민주주의'는 진정한 의미에서의 민주주의가 아니라고 해도 틀릴 것이 없다. 무엇을 어떻게 해야 할 것인가? 하버마스는 시민 대중이 다시 '공중'으로 되살아나는 것, 그들 간 활발한 논의를 통해 진정한 의미의 '여론'이 형성되도록 하는 것, 그리고 이를 가능하게 하는 조건으로서의 '정치적 공론장'을 재건해 그것을 규범적으로 설정된 민주주의의 기본 개념으로 삼을 것을 주장한다(Habermas, 1962/2001:49). 의사소통적 합리성은 비단 정치적 공론장만이 아니라 우리 사회 일체의 공론장이 그 운영의 원리로 삼아야 할 절차적 기준이 된다.

『의사소통적 행위 이론』

이 책은 하버마스의 대표 저작이라 할 수 있는 『의사소통적 행위 이론(The Theory of Communicative Action)』의 주요 논점들을 필자의 언어로 재구성한 것이다. 1981년에 독일어판 원저작이, 그리고 1984년과 1987년에 토머스 매카시(Thomas McCarthy)의 영역판이 발간된 이 저서는 두 권으로 구성되어 있는데, 그 첫째 권은 "이성과 사회합리화"라는 부제를, 그리고 그 둘째 권은 "생활세계와 체제: 기능주의 이성 비판"이라는 부제를 달고 있다. 한국어 번역판은 『의사소통행위이론』이라는 제목으로 2006년에 발간되었다.

『의사소통행위이론』 한국어 번역판이 발간된 해, 서평에서 문성훈은 비록 늦은 감이 없지 않지만 이 저작의 한국어판 발간은 그간에 다소 불완전하게 이루어져 온 하버마스 수용사를 정상화시킬 것이라고 말할 정도로 중요한 사건으로 평가한다(문성훈, 2006:322). 이 글에 따르면 국내에서 이루어진 하버마스 연구는 1980년대 하버마스를 프랑크푸르트학파의 일원으로 소개하던 시기를 시작으로, 80년대 말 현실 사회주의가 붕괴되고 나서 근대성에 대한 하버마스의 적극적인 해석이 포스트모더니즘과의 대비를 통해 조명되던 시기를 거쳐, 96년 하버마스의 한

국 방문을 전후해 그에 대한 본격적인 연구가 이루어졌던 시기로 구분된다.

이 가운데 셋째 시기는 하버마스 철학에 대한 국내 연구자들의 관심이 폭발적으로 확대된, 가히 "하버마스 르네상스"(문성훈, 2006:321)라고 지칭해도 지나치지 않을 시기다. 80년대부터 산발적으로 소개 차원에서 이루어지던 연구들이 이 시기 이후 상당히 체계적으로 이루어졌고, 이와 함께 그의 주요 저작들에 대한 번역이 꾸준히 이루어졌기 때문이다. 2006년에 나온 『의사소통행위이론』은 이후 국내에서 하버마스에 대한 관심이 지속적으로 이루어지게 하는 데 결정적인 역할을 했다고 말할 수 있다.

한 가지 다소 아쉬운 점은 관련 학계에서의 꾸준한 관심과 달리, 하버마스의 이론은 이를테면 마이클 샌델(Michael Sandel) 같은 학자들의 그것처럼 대중적인 관심을 끌지 못하고 있다는 점이다. 모르긴 해도 이는 독재와 권위주의에 대한 저항으로서의 좌파적 신념에 대한 필요성이 예전만큼 절실하지 않거나 또는 기득권 세력의 반좌파적 이데올로기 생산이 제법 실효를 거두고 있기 때문이기도 하겠지만, 보다 중요하게는 하버마스 이론에 대한 국내 해설서들이 대중이 쉽게 접근할 수 있는 높은 가독성을 갖추지 못하고 있기 때문이 아닌가 생각된다. 그러나 필자가 보기에 하버마스는 민주주의를 실질적인 차원에서 정착시켜야 할 단계에 와 있는 대한민국 사회에 그 누구의 것보다도 필요한 이론이라는 점에서 우리 사회 일반이 반드시 주목해야 할 사람이다.

그의 공론장 이론과 의사소통적 행위 이론은 현대 대의 민주주의와 복지 국가의 이념이 흔히 빠지기 쉬운 결함들을 대단히 치밀하게 분석하고 있고, 따라서 이 두 이념이 올바른 형태로 전개되는 데 없어서는 안 될 이론이다. 우리 사회는 제도적으로는 민주주의를 실시하고 있다고 할 수 있지만, 그 민주주의가 갖추어야 할 공적 토론의 장, 그리고 그런 공적 토론의 장을 통해 사회적 이슈들의 향방을 결정짓는 담론 과정의 성숙도가 아직은 대단히 미흡하다. 그래서 이에 관한 사회·문화적 관심을 다시 환기시킬 필요가 절실한데, 그 점에서 하버마스 철학에 대한 대중적 관심이 정착되도록 하는 일은 대단히 중요하다고 생각된다.

책의 구성

이 책에서 필자는 계몽적 이성에 대한 비관적 관점들을 다시 비판적인 시각에서 논박하고 자신의 '의사소통적 행위 이론'을 통해 근대적 합리성 개념을 적극적으로 해석하는 하버마스의 논제들을 제시하고자 한다. 본문은 총 열 개

주제로 구성되는데, 이 주제들은 크게 두 묶음으로 나뉠 수 있다. 첫째 묶음(1~4장)에서는 먼저 근대적 이성에 대한 프랑크푸르트학파 비판이론가들의 비관적 전망과 그에 영향을 준 베버의 사회 이론을 검토한다. 하버마스의 의도는 근대적 이성 또는 계몽주의적 합리성에 대한 이들의 관점을 다시 비판적으로 논의함으로써 계몽적 기획을 재조명하기 위한 새 패러다임을 제시하는 것이다. 그러므로 『계몽의 변증법』에 담긴 프랑크푸르트학파 비판이론가들의 도구적 이성 비판과 베버의 사회합리화 논의를 다소간 세밀하게 들여다보는 일과 함께 그들의 관점이 지니고 있는 한계를 하버마스 입장에서 분석하는 일이 반드시 필요하다.

둘째 묶음(5~10장)에서는 하버마스의 의사소통적 행위 이론을 구성하는 논제들을 보다 본격적으로 제시한다. 하버마스는 현대 사상가들의 반계몽주의적 논조에는 동의하지 않지만, 그들의 관점이 토대로 하고 있는 이른바 '언어적 전회' 패러다임은 공유하고 있다. 하버마스는 이성 개념을 사람들 간의 언어적 상호작용 맥락에서 재조명함으로써 근대적 이성에 내재해 있던 고립자적 사고 프레임 또는 '주체성의 철학'과 '의식의 철학' 패러다임을 극복하고자 한다. '생활세계', '타당성 주장', '상황 정의', '보다 좋은 주장의 힘' 등의 개념이 그의 의사소통적 행위 이론에서 중요한 위치를 차지하는 것도 이 때문이다. 우리 논의는 또한 하나의 사례를 통해, 곧 교육적 상황에서 합리적 의사소통 행위가 어떤 모습들로 이루어지는지를 조망해 봄으로써, 의사소통적 행위 이론의 중요한 개념들이 우리의 일상적 의사소통 과정에서 무엇을 의미하는지를 고찰할 것이다. 마지막으로, 담론 윤리학에 대한 하버마스의 논의를 통해 의사소통적 합리성을 도덕 이론에 적용했을 때 그것이 어떤 의미로 작용하는지를 분석할 것이다.

참고문헌

문성훈(2006). 하버마스의 『의사소통행위이론』 한국어판 출간과
　　그 의미. ≪철학사상≫, 제22권, 317~322.

송병구(2003). 뮈토스와 로고스: 현대사회의 신화 읽기. ≪종교와
　　문화≫, 제9집, 163~178.

이엽(2004). 독일 계몽주의의 보편적 인간 이성의 이념과 그 전개.
　　≪철학논총≫, 제36집, 359~376.

이재현(2012). 뮈토스와 로고스: 그대 그리스 철학의 기원에 관한
　　소고. ≪동서사상≫, 제13집, 21~42.

이정우(2011). 『세계철학사 1: 지중해 세계의 철학』. 도서출판 길.

Bernstein, R. J.(1985). *Introduction to Habermas and modernity.*
　　The MIT Press.

Dewey, J.(1933). *How we think.* Chicago: Henry Regnery
　　Company.

Habermas, J.(1962). *Strukturwandel der öffentlichkeit:*
　　Untersuchungen zu einer kategorie der bürgerlichen
　　gesellschaft. 한승완 옮김(2001). 『공론장의 구조 변동:
　　부르주아 사회의 한 범주에 관한 연구』. 나남.

Hirschberger, J.(1965). *Geschichte der philosophie.* 강성위
　　옮김(2012). 『서양철학사(상권)』. 이문출판사.

Horkheimer, M. & Adorno, T. W.(1969). *Dialektik der*
　　aufklärung: Philosophische fragmente. 김유동 옮김(2013).
　　『계몽의 변증법: 철학적 단상』. 문학과지성사.

01

도구적 이성 비판

이 장에서 우리는 『계몽의 변증법』을 통해
제시된 초기 프랑크푸르트학파
비판이론가들의 근대적 이성에 대한 비관적인
관점을 검토하게 된다. 이들의 핵심 논제는
합리적 사고 또는 도구적 이성에 대한
역사철학적 비판이다. 사람들은 일반적으로
계몽적 사고는 신화적 폭력으로부터 인간을
해방시켰을 뿐 아니라 이후 문명을
발전시킴으로써 자유를 증진시켰다고 믿지만,
호르크하이머와 아도르노는 오히려 계몽적
사고가 파시즘의 원인이 되었다고 진단하고
그것의 억압적인 특성에 주목한다.

이성과 계몽의 자기 파괴적 속성

『계몽의 변증법』에 담겨 있는 호르크하이머와 아도르노의 시대 진단(Horkheimer & Adorno, 1969/2013:21)은 18세기 프랑스 사회를 향해 장자크 루소(Jean-Jacques Rousseau)가 던졌던 독설들을 떠올리게 한다. 루소가 당대를 타락한 사회로 보고 그 타락의 원인을 인간 이성, 그리고 그것이 이룩한 문명 전반에서 찾고 있듯이, 제1세대 프랑크푸르트학파 비판이론가들도 인간 이성과 그것이 가져다 준 계몽을 절망적인 시각으로 바라보는 것이다. 양자 간에 차이점이 있다면 루소는 혁명가적 안목을 기반으로 개인적인 차원에서는 오로지 인간 본성에 근거한 에밀의 교육을 통해, 사회적인 차원에서는 일반 의지의 개념화와 그를 토대로 한 이상적 사회 건설의 제안을 통해서 보다 적극적이고 실천적인 태도를 보인 반면에, 『계몽의 변증법』은 인류 역사의 진보에 대한 낙관적 기대를 폐기했다는 점에 있다. 제1세대 프랑크푸르트학파 비판이론가들이 이성이 성취한 계몽이라는 인류 업적에 그토록 비관적인 태도를 취할 수밖에 없었던 것은 이성이 그 자체로 자기 파괴적 모순성을 지녔다는 점 때문이었다.

　『계몽의 변증법』의 핵심 논제는 합리적 사고 또는 도구적 이성에 대한 역사철학적 비판이다(노성숙, 2003:201).

사람들은 대개 계몽적 사고가 철학이 그랬던 것처럼 신화적 폭력으로부터 인간을 해방시켰을 뿐 아니라 이후 문명을 발전시킴으로써 자유를 증진시켰다고 믿는다. 그러나 『계몽의 변증법』에서 제시된 호르크하이머와 아도르노의 시각은 이와 많이 다르다. 그들은 당대 유행했던 파시즘에 주목하면서 그 원인을 인간의 계몽적 사고 그 자체에서 찾고자 한다. 파시즘이 보인 저 광포와 야만은 계몽적 태도가 결여되었기 때문에 나타난 것이 아니라 반대로 계몽 때문에 발생한 것이라고 이 책은 진단한다(노성숙, 2003:203). 계몽은 인간을 해방시키기도 하지만 반대로 인간을 억압하고 속박하기도 한다. 넓은 의미에서 계몽은 진보적 사유, 합리적 사고 또는 이성적 사고 전반을 뜻하지만, 호르크하이머와 아도르노는 이 개념 속에서 자기 파괴적 모순성과 퇴보적 요소, 그리고 비합리성을 읽어내고자 한다. 합리적 사고의 비합리성이라니, 무슨 뜻인가?

『계몽의 변증법』의 저자들이 계몽적 이성이 지배하는 시대를 향해 비관적인 태도를 보인 것은 그 시대의 비인간적 현상들을 극복하기 위해 더 이상 인간 이성에 의존할 수 없다는 진단 때문이었다. 이성이 인간을 억압하는 기능을 하므로 그러한 억압을 극복하는 데 다시 이성을 동원할 수는 없는 일이다. 이성이 억압을 초래했다는 말은 무슨 말인가?『계몽의 변증법』에서 호르크하이머와 아도르노는 "사유와 노동, 그리고 그것의 지침과 기준이 되었던 '이성' 자체가 주체의 자기 보존을 위한 전략적 수단에 지나지 않는다고 진단하기 시작한다"(김원식, 2007:38).

이성은 자기 보존 행위가 가지는 효율성을 판단하기 위한 척도에 불과하다. 인간이 자연으로부터 배우고 싶어 하는 것은 자연과 인간을 완전히 지배하기 위해 자연을 이용하는 법이다. 사유와 노동이라는 인간의 이론적이고 실천적인 행위 전체가 타자에 대해 가지는 폭력적이고 지배적인 성격을 이제 근본적 반성의 대상으로 삼아야 한다. 타자에 대한, 나아가서는 자기 자신에 대한, 지배의 지침이 되는 근대적 합리성을 호르크하이머와 아도르노는 '도구적 이성(instrumentelle vernunft)'이라고 명명한다.(김원식, 2007:38)

이와 같은 이성의 도구적 특성은 이성으로 대표되는 인간의 사유, 그리고 그 결과물인 '학문' 전체의 특성으로 확장된다. 이 모든 것은 이제 다른 것이 아니라 인간의 자기 보존을 위한 지배의 도구로서만 평가된다. 인간의 모든 사유나 행위는 자기 보존을 위한 도구적이고 전략적인 사유나 행위에 지나지 않게 되었다는 것이다(김원식,

4

2007:41).

이성의 도구화, 도구적 이성

도구화된 이성, 곧 '도구적 이성'은 호르크하이머 철학의
중심을 관통하는 핵심 개념이다(이종하, 2011:174). 호르
크하이머에 따르면 이성은 그 자체로 객관적 측면과 주관
적 측면을 담고 있는데, 이 두 측면은 역사 전개 과정에서
다르게 표출된다. 객관적 이성은 고대 헬라스 철학으로부
터 내려오는 전통 철학이 그 토대로 삼은 이념이다. 객관
적 이성은 인간과 인간의 목적들을 포함해 존재하는 모든
것들의 위계 질서 또는 포괄적 체계를 발전시키는 것을 목
적으로 하며, 최고선의 이념, 인간을 규정하는 문제, 최고
의 목표를 실현하기 위한 방법을 다루는 개념들을 탐구한
다(이종하, 2011:176).

객관적 이성은 모든 인간은 이성의 힘을 가지며, 현실적 질
서는 이성을 반영한다는 전제로부터 출발해 ① 인간의 행위
와 삶의 방식 판단, ② 본래적 '목적'의 이해, ③ 사물의 참된
본성 이해, ④ 절대적 진리의 발견, ⑤ 이성의 이념인 자유,
평등, 정의에 대한 관심과 실현을 모색한다. 호르크하이머
에 따르면 플라톤, 아리스토텔레스, 스콜라 철학, 독일 관념

론 등과 같은 전통적인 철학은 객관적 이성의 이념에 그 토
대를 두고 있다.(이종하, 2011:176)

가장 포괄적인 의미에서 언급되는 인간의 이성적 사고
는 객관적 이성을 토대로 한 것이었다. 미신과 전통적 종
교를 철학적 사유의 대상으로 대체하고 종교에서의 계몽
을 야기한 것도 바로 객관적 이성이었다.

그런데 호르크하이머에 따르면 객관적 이성은 근대 이
후 심각한 위기에 봉착한다. 그 위기는 다른 것이 아니라
앞서 언급한 종교와 이성의 분리, 철학에 의한 종교의 대
체에서 비롯된 위기였다. 객관적 이성은 계몽된 사회에서
미신과 종교를 대체하는 성과를 올리기는 했으나, 바로 그
성과가 객관적 이성 자체의 자기 동력을 상실케 하는 원인
으로 작용한 것이다.

객관적 이성의 위기는 이성의 주관화, 형식화로 나타났
다. 이성이 주관화되었다는 말은 이성이 제공하는 기준과
내용들이 가상적인 것으로 간주되고, 따라서 그것이 오로
지 개인의 주관적 사유를 통해 작용하는 원리로 격하되었
다는 것을 뜻한다. 주관적 이성은 말 그대로 개인의 이익
에 대한 주관적 관심을 이성적 판단의 기준으로 삼는 이성
을 말한다. 그리고 이성이 형식화되었다는 말은 이제 그

것이 제공하는 기준과 내용들에서 그 어떤 실질적인 가치 판단의 척도도 구할 수 없게 되었다는 것을 뜻한다.

이제 우리는 이성으로부터 그 어떤 목표가 그 자체로 바람직한 것인지를 결정하는 근거를 제공받을 수 없게 되었다.

(이성에 관한) 주관주의적 관점이 거부할 수 없을 만큼 확고하다면, 사고는 이제 어떤 목표가 그 자체로 바람직한 것인지를 결정하는 데 도움을 줄 수 없다. 이상적인 것의 수용 가능성, 우리의 행위와 신념에 대한 기준들, 윤리학과 정치학을 이끌어가는 원칙들, 이 모든 것과 관련된 우리의 최종 결정은 이성이 아닌 다른 요소들에 의존해서 이루어진다. 그것은 이제 기호(嗜好)와 선택의 문제가 될 것이며, 실천적·도덕적 또는 미적 결정 과정에서 진리에 대해 말하는 것은 무의미한 것이 되었다.(이종하, 2011:177)

형식화된 이성은 이성의 중성화(中性化)를 초래하고, 중성화된 이성은 결국 이성의 도구화를 초래한다. 이제 이성은 '무엇'보다는 '어떻게'를 문제 삼게 되고 그것을 통해 도구적 수행 기능을 최대화하는 방향으로 최적화된다. 그런데 호르크하이머가 도구적 이성을 문제 삼는 것은 그것이 도구적 이성에 머물지 않고 이성 일반을 대표하는, 다시 말하면 이성 그 자체를 뜻하는 개념으로 확대되었기 때문이다. 이제 도구적 이성으로 단일화된 인간 이성은 삶의 제반 영역에서 사고와 행위를 총체적으로 지배하게 되었다는 것이다.

제1세대 프랑크푸르트학파 비판이론가들이 비판하는 도구적 이성의 의미와 그것의 문제는 이들의 관점에 영향을 준 베버의 논의에서 보다 풍부하게 제시된다. 근대적 이성은 그 자체에 함의된 양면적 속성 때문에, 그리고 결국에는 이성의 객관적 측면에 대한 주관적 측면의 우세 때문에 현대 사회를 암울하게 만든 원인으로 작용했다는 호르크하이머와 아도르노의 진단은 서양 근대 사회의 합리화 과정을 두 가지 구분되는 합리성을 통해 기술하는 베버의 관점을 닮았다. 서양 근대 사회의 합리화 과정에 대한 베버의 논의는 도구적 이성, 또는 베버의 용어로 목적합리성이 의미하는 바뿐만 아니라, 그것이 서양 근대 사회의 발전과 어떤 역동적 관계를 지니는지에 대한 보다 포괄적인 이해를 제공한다. 그 점에서 하버마스의 의사소통적 행위 이론을 이해하는 일은 서양 근대 사회의 합리화 과정에 대한 베버의 논의를 비판적으로 검토하는 일과 함께 이루어질 필요가 있다.

참고문헌

김원식(2007). 근대성의 역설과 프랑크푸르트 학파 비판이론의 전개.
≪사회와 철학≫, 제14호, 35~64.

노성숙(2003). 계몽과 신화의 변증법: 계몽의 어두운 걸림돌.
≪철학과 현실≫, 제59호, 200~212.

이종하(2011). 『호르크하이머의 비판이론』. 북코리아.

Horkheimer, M. & Adorno, T. W.(1969). *Dialektik der aufklärung: Philosophische fragmente*. 김유동 옮김(2013).
『계몽의 변증법: 철학적 단상』. 문학과지성사.

02

베버에서 합리성과 합리적 행위

도구적 이성은 베버가 말하는 목적합리성에
해당한다. 서양 근대 사회에 대한 베버의
암울한 전망은 결국은 그 사회를 지배하게 된
목적합리성과 그 사회를 살았던 근대인들의
목적합리적 행위에 대한 것이라고 할 수 있다.
이 장에서 우리는 근대 사회의 합리화 과정에
대한 베버의 설명을 이해하기 위해 합리성의
다면적 측면을 나타내는 몇 가지 용어들을
분석하고, 그를 통해 합리성의 양면적 특성을
검토할 것이다. 이후에 등장하는 합리화의
패러독스라는 논제는 합리성 개념 자체가
함의하는 이러한 양면성과 연결된다.

목적합리성과 가치합리성

서양 근대 사회 전반을 특징짓는 이른바 근대적 합리성은 베버에 의해 어떻게 설명되고 있고, 그 설명은 어떤 점에서 제1세대 프랑크푸르트학파 비판이론가들이 보인 비관적 전망을 낳게 했는가? 호르크하이머가 비판한 도구적 이성은 베버의 용어로는 '목적합리성(purposive rationality)'에 해당한다. 서양 근대 사회에 대한 베버의 암울한 전망은 결국 그 사회를 지배한 목적합리성, 그리고 그것을 기준으로 수행된 근대인의 목적합리적 행위에 대한 것이라고 할 수 있다. 이 개념에 대한 이해를 위해 우리는 합리성 개념과 관련된 몇 가지 용어들에 대한 베버의 설명을 먼저 고찰할 필요가 있다.

베버는 인간 행위를 크게 네 유형으로 구분한다. 전통적(traditional) 행위, 감정적(affectional) 행위, 가치합리적(value-rational) 행위, 목적합리적(purposive-rational) 행위가 그것이다. 그런데 이 네 유형의 행위는 행위자가 자신의 행위를 합리적 기준을 동원해 의식적으로 반성하는 경험을 갖는지 아닌지에 따라 다시 비합리적(non-rational) 행위와 합리적 행위라는 두 범주로 분류될 수 있다(Brubaker, 1984:50~51). 행위를 그저 오랜 습관에 따라 행해져 온 것이라는 이유로 수행(전통적 행위)하거나 아니면 자신의 주관적 느낌에 따라 수행(감정적 행위)하는 것과 달리, 합리적 행위는 그 행위를 수행하는 이유에 대해서 그야말로 합리적으로 따져 보는 일을 반드시 포함한다. 가치합리적 행위는 행위자의 행위가 특정한 가치를 실현하는 것이기 때문에 수행하는 경우이며, 목적합리적 행위는 그 행위를 통해 특정한 사실적 목적을 달성하고자 하기 때문에 수행하는 경우이다.

두 가지 합리적 행위 중에 목적합리적 행위가 앞선 논의에서 언급된 도구적 이성에 따라 수행되는 행위라는 것은 어렵지 않게 파악할 수 있다. 행위가 목적합리적으로 수행될 때 행위는 그것이 수행되고 난 후에 달성될 어떤 외적 목적의 도구가 된다. 여기서 행위를 수단으로 달성하는 목적이 '외적' 목적이 된다는 말은 그 목적과 그것을 달성하기 위해 수행하는 행위 간에 아무런 의미상의 관련이 성립되지 않는다는 말과 같다. 도구로서의 내 행위와 그것을 통해 달성될 목적 간의 관계는 오직 사실적으로만, 또는 사실적으로 검증된 과학적 지식을 통해서만 성립한다. 그러므로 내 행위가 어느 정도의 목적합리성을 갖는지는 내 행위의 의미 바깥에서 부여된 목적을 달성하는 데 내 행위가 얼마나 효율적으로 작용하는지에 따라 결정된다.

이에 비해 가치합리적 행위는 행위 자체가 어떤 가치에

대한 의미를 내포하고 있는 경우를 가리킨다. 위의 목적합리적 행위가 특정의 목적을 달성할 것이라는 점에서 합리성을 갖는 데 비해, 가치합리적 행위는 그 행위 자체가 특정의 가치를 실현하고 있다는 점 때문에 합리성을 갖는다. 목적합리적 행위의 합리성이 그 행위가 종결되고 난후, 또는 행위가 진행되는 중에 미리 정해진 목적을 그것이 얼마나 잘 달성했는지, 또는 달성할 것으로 기대되는지에 따라 결정되는 반면에, 가치합리적 행위는 그 자체 속에 행위가 수행되어야 할 방식을 지시하는 가치가 함의되어 있다. 한 행위의 목적합리성은 그것이 목표로 하는 목적 달성의 정도에 따라 결정되지만, 그것의 가치합리성은 그 행위 자체가 표방하는 실천적 가치와의 개념적 일관성에 따라 결정된다. 가치합리적 행위는 그 자체가 곧 특정 가치의 실천이므로 가치합리적 행위를 수단으로 목적, 곧 가치의 실현을 달성하려 한다고 말하는 것은 어색하다.

한편으로 행위자가 수행 중에 끊임없이 자신의 행위가 특정한 가치와 부합하는지를 반성적으로 따져 볼 때, 그의 행위는 가치합리적 행위가 된다. 다른 한편, 만약 행위 수행자가 현재 수행하고 있는 행위가 그것이 종료되고 난 뒤에 결과적으로 그 어떤 특정의 목적을 달성할 것으로 기대하면서 행위를 수행할 때(물론 그의 기대와 달리 결과적으로 그 행위가 목적합리적이지 않은 것으로 판명될 가능성은 언제든지 있다) 그의 행위는 목적합리적 행위가 된다. 한 가지 사례를 통해 두 행위의 차이를 살펴보자.

한 장기 이식 전문의는 최근에 신장 이식 수술을 받은 한 환자에게서 그의 신체 조직이 이식된 신장의 조직을 거부하는 증세를 발견했다. 의사가 보기에 이식된 신장은 한 주가 경과하기 전에 다시 제거되어야 하며, 환자는 원래대로 투석기에 의존할 수밖에 없게 되었다. 비록 즉각적인 임상적 위험은 없다고 하더라도 환자는 수술의 후유증으로 몹시 괴로워하고 있다. 만약 그가 받은 신장 이식 수술이 실패했다는 말을 의사로부터 듣게 되면 환자의 후유증은 더욱 심해질 것이며, 결국에는 그것으로 인해 치명적인 결과를 초래할 수도 있을 것이다.(Brubaker, 1984:52)

위 상황에서 의사가 취할 수 있는 처방은 두 가지로 나타날 수 있을 것이다. 한편으로 만약 의사가 환자에게 그가 지금 어떤 상태에 있는지 있는 그대로 알려 준다면, 다시 말해 '어떤 상황에서건 인간에게는 진실을 알 권리가 있다'는 가치가 명령하는 바에 따라 환자의 현재 상태에 관한 진실을 말해 준다면, 비록 그의 이런 행위가 환자에게 가지고 올 해로운 결과에 대해서는 그만큼의 주의를 기울이지 않았다고 하더라도, 이 의사의 행위는 가치합리적인 행위가 된다. 다른 한편으로, 만약 환자가 처한 상황을 곧이곧대로 밝힐 때 초래될 수 있는 치명적 결과를 예견하고 그 예견되는 결과를 방지하기 위해 환자에게 거짓말을 했다면, 비록 '항상 정직하라'는 규범적 명령은 어겼다고 할지라도, 이 의사의 행위는 목적합리적인 행위가 된다. 두 경우 의사의 행위는 모두 의식적이고 신중한 판단에 의해서 이루어졌다는 점에서, 비록 그 이유는 다르지만, 모두 합리적인 행위를 한 것이 된다.

그런데 여기서 한 가지, 특정의 가치를 실현하는 것도 행위자 입장에서 보면 자신이 지향하는 하나의 목적을 달성한 것이라 할 수 있으므로, 가치합리적인 행위도 그 자체로 목적합리적인 행위라고 할 수는 없는가? 두 방식 중 어느 것을 택하든지 간에 이 의사는 각 경우에 해당하는 목적을 추구하고 있다고 볼 수는 없는가? 그래서 가치합리성을 따를 때라 하더라도 그 의사는 하나의 목적, '항상 진실을 말하라'는 신념의 실천을 달성하려는 것이므로 결국에는 목적합리성을 실현하는 행위라고 보아야 하는 것 아닌가? 그러나 두 경우는 중요한 점에서 구분되어야 할 필요가 있다.

목적합리적인 행위 방식을 택했을 때 의사가 한 '선의의 거짓말'은 그것을 통해서 달성하려고 했던 목적, 즉 치명적인 결과의 방지를 실제로 달성했을 때에야, 또는 적어도 그것을 달성할 것이라는 보장이 있을 때에야 비로소 합리적인 행위로 간주될 수 있다. 따라서 이 경우 '거짓말을 하는 것'과 '치명적인 결과를 방지하는 것'은 의미상 별개의 것이 된다. '거짓말을 하는 것(수단)'과 '치명적인 결과를 방지하는 것(목적)'은 단지 사실적으로만 서로 관련될 수 있다는 것이다. 여기서 목적은 그 의미 속에 수단을 내포하고 있지 않으며, 수단 또한 목적과 아무런 의미상의 관련이 없다.

그러나 의사의 가치합리적인 행위(환자에게 진실을 말하는 행위)가 지니는 가치는 그 자체에 행위가 수행되어야 하는 방식을 포함하고 있다. 의사는 다만 그 가치가 명령하는 바가 무엇인지를 알기만 하면 된다. 이 경우 합리적 행위를 위해 의사가 별도로 알아야 할 외적 지식은 없다. 의사에게 필요한 것은 그 가치의 실천적 의미를 이해하고 그것을 실제 행위로 옮기는 일이다. 여기서의 목적, '항상 진실을 말하라는 가치를 실현하는 일'은 '진실을 말하는' 행위가 종료되고 난 뒤에 성취되는 것이 아니라 행위가 수행되고 있는 중에 성취되는 그 어떤 것이다. 이 점에서 가치합리적 행위와 그것이 성취하려고 하는 가치의 실현은 수단-목적의 관계로 연결되지 않는다. 행위는 그 자체가 곧 가치의 실천적 형태이며, 전자는 후자를 위한 수단 또는 도구라고 말할 수 없다. 그리고 이 점이 목적합리성과 가치합리성 간의 구분이 형식적 합리성과 실질적 합리성 간의 구분과 연결되는 지점이다.

형식적 합리성과 실질적 합리성

목적합리성과 가치합리성 간의 구분은 또 하나의 개념쌍 (槪念雙), 곧 형식적 합리성(formal rationality)과 실질적 합리성(substantive rationality) 간의 구분과 연결된다. 목적합리성은 도구로서의 행위와 그것을 통해서 달성되는 목적 간의 효율적 관계에 의해 성립되는 합리성이라고 했다. 이 경우 그 행위가 달성하려는 목적이 실질적으로 무엇인지의 문제는 이 합리성이 성립하는 데 아무런 영향을 주지 않는다. 목적의 실질적인 내용이 무엇이든 상관없이 그것을 얼마나 효과적으로 달성했는지에 따라 행위의 목적합리성 정도가 결정된다는 것이다. 그리고 이 점에서 목적합리성은 일종의 '형식적' 개념에 해당한다. 인간의 모든 의식적 행위는 어떤 가치를 실현한다고 할 수 있으므로 목적합리적 행위 또한 어떤 가치를 실현하는 행위라고 할 수 있다. 목적합리적 행위가 실현하는 가치, 곧 그것의 목적합리성은 형식적 가치고, 그 점에서 목적합리성은 형식적 합리성이라고 할 수 있다. 목적합리적 행위는 그것이 목적합리적인 행위인 한, 달리 말하면 그것이 어떤 종류의 사실적 목적을 달성하는지에 상관없이 모두 동일한 가치, 즉 목적합리성이라는 가치를 가진다.

이에 비해 가치합리성은 항상 행위가 특정한 가치를 실현했는지에 따라 결정된다. 가치합리적 행위는 특정 가치의 실현태이므로 그것이 실현한 가치의 내용과 별도로 그것의 합리성을 언급하는 것이 불가능하다. 행위가 가치합리성을 갖는지의 문제는 그 행위와 특정 가치 간의 논리적 관계에 의해 결정된다. 가치합리성을 형식적 합리성과 상대적인 의미에서 '실질적' 합리성이라고 하는 것은 이 때문이다. 실질적 합리성, 곧 행위와 가치 간의 개념적 일관성은 "행위가 특정한 형태를 띠도록 명령한다"(Kalberg, 1980:1155).

그러므로 행위의 가치합리성 여부를 결정하게 하는 가치 체계는 그 자체로 특정 유형의 실질적 행위 방식을 의미한다. 이를테면 우정은 행위자로 하여금 가치합리성을 추구하도록 하며, 마찬가지로 공산주의, 봉건주의, 쾌락주의, 평등주의, 칼뱅주의, 사회주의, 불교, 힌두교, 르네

상스식 인생관, 그리고 '아름다움'에 관한 모든 심미적 개념들 등도 행위자에게 각각의 가치를 추구하게 한다(Kalberg, 1980:1155). 가치합리적 행위는 모두 그 속에 특정한 가치의 내용을 논리적으로 함의하고 있으며 이 점에서 실질적 합리성을 지닌다.

그렇다면 합리성의 의미를 이런저런 방식으로 다소간 복잡하게 구분해 온 지금까지의 논의는 하버마스가 비판하고 있는 베버의 근대 사회 합리화 논제를 이해하는 데 무슨 도움이 되는가? 목적합리성과 가치합리성, 또는 형식적 합리성과 실질적 합리성 간의 구분은 합리성의 패러독스라는 문제와 어떻게 연결되는가? 합리성을 두 가지 유형으로 구분해서 설명하고자 했던 베버의 의도는 틀림없이 서양 근대 사회의 합리성이 지니고 있는 양면적 특성을 노출시키는 데 있었다. 베버가 보기에 서양 근대 사회의 병적인 현상들은 그 사회에서 작동했던 합리성이라는 이념 그 자체의 특성으로부터 유래한 것이다. 베버는 서양 근대 사회의 합리화라는 현상을 형식적 합리성과 실질적 합리성, 곧 목적합리성과 가치합리성 간의 긴장이라는 논제로, 그리고 결국에는 후자에 대한 전자의 승리로 파악한다.

참고문헌

Brubaker, R.(1984). *The limits of rationality: An essay on the social and moral thought of Max Weber.* London: George Allen & Unwin.

Kalberg, S.(1980). Max Weber's types of rationality: Cornerstones for the analysis of rationalization processes in history. *American Journal of Sociology, 85(5),* 1145~1179.

03

합리화의 패러독스

합리화의 '역설' 또는 '패러독스'는 합리화
과정이 두 가지 상반된 이념을 함께 추구하는
현상을 가리키는 용어다. 합리화는 한 쪽에서
보면 발전을 의미하지만, 다른 쪽에서 보면
쇠락을 의미하기도 한다. 나아가 서양 사회의
합리화 과정에서 목격되는 역설적인 현상은
합리성의 두 상반된 속성 간의 균형 상실을
초래했다. 그것은 가치합리성에 대한
목적합리성의 승리, 실질적 합리성에 대한
형식적 합리성의 지배로 나타났다. 우리 질문은
'이 현상은 어쩔 수 없는 것인가' 하는 것이다.

합리화의 패러독스

'역설' 또는 '패러독스'는 하나의 대상이 두 가지 상반된 속성을 함께 지니고 있을 때 나타나는 현상이다. 그러므로 '합리화의 패러독스'라는 말에는 합리화의 과정이 두 가지 상반된 이념을 함께 추구하는 현상으로 나타났다는 의미가 들어 있다. 합리화는 한 쪽에서 보면 발전을 의미하지만, 다른 쪽에서 보면 쇠락을 의미하기도 한다는 것이다. 이는 합리성이라는 이념이 두 가지 성격을 동시에 갖고 있기 때문이다.

합리화의 패러독스라는 논제는 언뜻 보기에 단일한 의미를 내포하고 있는 듯 보이지만 사실은 서로 완전히 다른 두 개의 실질적인 가치를 담고 있는 '합리성' 개념의 애매성에서 비롯된 것이라 할 수 있다. 한편으로 합리성은 번스타인이 콩도르세(Marquis de Condorcet)의 유토피아적인 예언을 통해서 부각시키고자 한 계몽주의적 이상과 본질적으로 연계되어 있다. 그것은 자연이 부여한, 이 대지 위에 존재하는 그 어떤 것에도 종속되지 않는 인간 능력의 완성을 위한 도구이며, 인류의 미래 조건을 향한 꿈과 희망이다. 이 이념을 통해 국가들 간, 혹은 한 국가 내에 존재하는 모든 형태의 사악한 불평등은 타파될 것이다. 콩도르세는 합리성이 가져다 줄 이상적인 세계를 다음과 같이 기술하고 있다.

> 스스로가 지닌 이성 이외에 다른 어떤 것에도 의지하지 않는 자유로운 인간의 머리 위로 태양은 솟아오를 것이다. 폭군과 노예, 성직자들과 그들의 멍청하거나 혹은 위선적인 도구들은 다만 역사책이나 무대 위에서만 존재할 것이다. 우리는 다만 그들에게 희생된 사람들과 그들의 위선에 속아 넘어간 사람들을 연민과 동정의 눈길로 바라볼 것이다. 그들이 저지른 월권에 대해서 우리는 한시도 경계를 멈추지 않을 것이며, 만에 하나 폭정과 미신이 우리 사이에서 다시 고개를 들었을 때 우리는 우리의 이성으로 그것들을 인지하고 제거할 것이다.(Bernstein, 1988:191)

그러나 다른 한편으로 동일한 '합리성'이 이러한 유토피아적 이상과 완전히 다른, 심지어는 그것과 정반대되는 가치를 가리키기도 한다. 합리성의 새로운 측면이 담고 있는 새로운 가치는 베버에 의해서 개념화된다. 콩도르세의 계몽이 신화와 미신, 환상과 편견을 타파하는 것을 이상으로 삼는 것이었다면, 베버는 계몽주의 자체의 신화적인 사고 유형을 폭로하고 격파하고자 한다. '합리성'은 베버에게 진보와 전혀 무관한 개념이 되었을 뿐 아니라, 자유나 공화주의적 민주주의와도 별 상관이 없게 되었다. 오히려 이와 반대로, "자본주의의 발달에 따라 나타나는 근대성의 가장 기본적인 특징들은 자유와 민주주의에 엄청난 위협을 가져다주게 되었다"(Bernstein, 1988:196).

그런데 여기서 우리는 서양 근대 사회의 합리화 과정이 보인 패러독스적인 경향은 합리성의 두 가지 상반된 속성이 서로 균형을 이루고 있었을 때는 결코 드러나지 않았다는 점에 주의해야 한다. 오히려 서양 근대인들의 목적합리적 경향은 서양 사회가 마술과 신비로움으로부터 벗어나는 데 결정적인 역할을 했다. 그리고 그것이 제도화되는 과정에서도 그 초기에는 결코 암울함만을 노정하지는 않았다. 문제는 합리성의 두 가지 역설적인 속성들 간의 균형이 깨져버린 데서 발생한다. 베버에서 목적합리성과 가치합리성, 형식적 합리성과 실질적 합리성 간의 구분은 이후 합리성의 이 두 측면 간에 불균형이 초래되었다는 점, 양자 간에 심각한 괴리가 생겼다는 점과 연결된다. 그리고 두 합리성 간의 괴리는 세월이 흐를수록 결국에는 목적합리성, 곧 형식적 합리성의 과대화로 나타났다.

베버에 따르면 서양의 자본주의는 청교도들의 생활 태도를 기초로 성립되었다. 청교도 윤리는 근대인들로 하여금 신의 소명에 따라 근면한 삶을 살면 결과적으로 이

윤이 생긴다는 믿음을 갖도록 했다. 노동의 결과로 생긴 이윤은 자신의 삶이 신의 뜻을 따라 살았다는 증거가 되는 셈이다. 그러므로 이때까지는 가치합리적 행위(신의 소명에 따라 근면한 삶을 사는 것)와 목적합리적 행위(이윤을 추구하는 것)가 분리되지 않았다. 자본주의는 청교도들의 소명 윤리로부터 발생했지만, 아직은 선을 넘지 않은 상태였다는 것이다.

그러나 이런 과정을 거쳐서 탄생한 자본주의 정신은 세월이 흐르면서 점차 청교도의 소명 윤리로부터 독립해 그 자체의 길을 걷게 된다. 자본주의 정신이 청교도 윤리로부터 분리되어 이윤을 추구하는 것 자체를 목적으로 삼게 되면서 초창기에 유지되었던 가치합리성과 목적합리성 간의 균형이 무너지게 되고, 그 결과 목적합리성의 과대화가 초래된다. 자본주의 정신이 청교도 윤리로부터 이탈해서 그 자체로 목적이 되어 버린 것이다.

목적합리성 또는 형식적 합리성의 승리

베버는 자본주의 정신과 청교도 윤리가 서로에게서 등을 돌린 후로 사람들의 삶은 형식적 합리성이 지배하는 형태로 굳어졌다고 진단한다. 이와 같은 형식적 합리성의 지배는 그 반대편에서 보면 실질적 합리성의 축소로 귀결되었다. 형식적 합리성의 관점에서 봤을 때 고도로 합리적인 생활이 실질적 합리성의 측면에서는 그와 정반대로 심각하게 비합리적인 생활을 초래하게 되었다는 것이다.

> 경제적 생산 영역에서 합리화는 … 자본주의라는 '철의 감옥'을 창조했고 이 '가공할 만한 우주적 체계'는 사람들의 삶을 바깥으로부터 '도저히 저항할 수 없는 힘으로' 옥죄기 시작했다. 행정의 영역에서 합리화는 비인격화를 초래했다. 그것은 모든 공식적인 업무에서 사랑, 증오 등과 같이 계산의 대상이 될 수 없는 일체의 순수하게 개인적이고 비합리적이며 정서적인 요소들을 제거하도록 했다. … 사고의 영역에서, … 근대 과학의 등장은 세계를 '마술의 힘'으로부터 벗어나게 해 주기는 했지만, 다른 한편으로 사람들의 삶과 세계가 일관되게 종합적인 의미를 지녀야 한다는 요구와 이러한 의미를 과학적으로 결정하기가 불가능하다는 점에 대한 점증하는 인식 간에 긴장을 발생시키게 되었다.(Brubaker, 1984:3)

근대 서양 사회의 발전 과정을 형식적 합리성과 실질적 합리성 간의 긴장이라는 논제로 설명하는 베버의 논의는 결국 실질적 합리성에 대한 형식적 합리성의 승리라는 시각으로 종결된다. 형식적 합리성에 대한 요구는 사람들의 의식을 실질적 합리성으로부터 멀어지도록, 곧 행위를 목적합리성이라는 단일 가치 체계의 지배하에 두는 결과를 빚고 말았다는 것이다. 원래는 인간의 해방을 지향했던 합리화 과정이 그와 정반대로 그들에게 속박을 가져다주었으며, 이러한 일종의 이율배반은 다름 아닌 합리화 과정 그 자체의 내적 논리로 말미암은 결과였다. 그러므로 만약 우리가 여전히 합리화된 사회에서 삶을 영위하려 한다면 우리는 합리성에 의해 강요된 도구화의 논리가 지배하는 사회에서 삶을 사는 것밖에 달리 선택의 여지가 없다는 결론에 도달한다.

그런데 우리는 이 즈음에서 한 가지 근본적인 질문을 제기하지 않을 수 없다. 근대적 합리성에 대한 우리의 논의는 진정으로 베버가 제시한 합리화의 패러독스와 그것의 논리적 결론을 통해서 이루어질 수밖에 없는가? 우리에게 합리성의 자기 파괴적인 특성 외에 다른 여지는 허용되어 있지 않은 것인가? 베버가 종국에 해결할 수 없는 것으로 진단한 패러독스는 진정으로 해결 불가능한 것인가? 만약 패러독스를 '해결'한다는 말이 논리적으로 성립하지 않는다면 합리화의 문제를 다른 각도에서 파악함으로써 그것을 더 이상 패러독스로 보지 않는 것은 불가능한가?

합리성의 의미를 재구성해 패러독스를 벗어나 합리성이 원래 지향했던 유토피아적 관점을 회복하는 일은 불가능한가?

우리의 관심은 이런 질문들에 대해 하버마스는 어떻게 대응하고 있는지다. 이른바 포스트모던 시대에 들어 철학과 사상 영역에서 근대적 이성의 해체를 주장하고 있는 다른 이론가들과 달리, 하버마스는 계몽적 합리성 개념에 함의된 이상과 가능성을 일관되게 옹호해 온 사람들 가운데 하나로 평가되고 있다. 근대 서양 사회의 합리화 과정에서 목격된 역설적 상황, 그리고 그와 같은 상황을 초래할 수밖에 없었던 합리성 자체의 내적 모순은 베버와 제1세대 프랑크푸르트학파 비판이론가들로 하여금 현대 사회에 대한 헤어 나올 길 없는 비관적 전망을 낳게 했다. 그러나 만약 이러한 전망이 계몽적 합리성에 대한 불완전한 이론적 이해에서 연유한 것이라면, 그래서 그 자체의 내적 논리에서 초래되었다고 한 합리성의 패러독스라는 논제가 결코 불가피한 논제가 아니라면, 우리는 여전히 이성을 인간 해방의 이론적 토대로 삼을 수 있다. 하버마스의 의사소통적 행위 이론의 핵심은 여기에 있다.

참고문헌

Bernstein, R.(1988). The rage against reason. In E. McMullin(Ed.).
    *Construction and constraint: The shaping of scientific
    rationality*. Notre Dame: Indiana University Press.
Brubaker, R.(1984). *The limits of rationality: An essay on the
    social and moral thought of Max Weber*. London: George
    Allen & Unwin.
Kalberg, S.(1980). Max Weber's types of rationality:
    Cornerstones for the analysis of rationalization processes in
    history. *American Journal of Sociology, 85(5)*, 1145~1179.

04

베버 합리화 논제에 대한 하버마스의 비판적 논의

서양 근대 사회에 대한 베버의 비관적 관점은
그의 합리화 논의에서 따라 나온 불가피한
결과였다. 합리화된 사회일수록 결국 자본주의
경제와 관료주의적 행정의 목적합리성이
지배하는 사회일 수밖에 없게 되었다는 것,
그래서 실질적인 가치 차원에서는 오히려
갈수록 비합리화되는 사회일 수밖에 없게
되었다는 것이다. 그러나 하버마스는 베버의
이러한 사회합리화 논제에 중대한 오류가
있다고 지적한다.

베버 합리화 논의의 재구성

하버마스는 자신의 후기 이론인 의사소통적 합리성 이론을 통해『계몽의 변증법』에서 읽을 수 있었던 제1세대 프랑크푸르트학파 비판이론가들의 비판적 시대 진단, 그리고 그것에 영향을 준 서양 근대 사회의 합리화 과정에 대한 베버의 회의적인 시각을 비판적으로 검토하고 그 대안을 제시하는 일을 하나의 중요한 과업으로 삼았다.『의사소통적 행위 이론』첫 권에서 하버마스는 베버의 사회합리화 개념을 분석하고 사회 변화의 한 측면으로서의 '합리화'를 자신의 의사소통적 행위 이론에 비추어 재구성하는 일에 상당한 지면을 할애한다. 하버마스의 의사소통적 행위와 의사소통적 합리성 개념을 이해하려면 우리는 대안적 합리성의 개념화를 위해 하버마스가 베버의 시각을 어떻게 비판적으로 분석하고 있는지 먼저 살펴 볼 필요가 있다.

'합리화(rationalization)'는 전통적 행위 양식과 구분되는 근대적 행위 양식을 설명하기 위해 사용된 베버 특유의 사회학적 개념이다. 이 개념에 대한 하버마스의 비판적 재구성 논의는 합리화가 이루어지는 대상 영역을 '사회', '문화', '인성'이라는 세 수준(하버마스는 이 구분법을 탤컷 파슨스(Talcott Parsons)에게서 빌려왔다고 말하고 있다)으로 나누어 설명하는 것에서부터 시작된다(Habermas,

1984:158~167). 하버마스에 따르면 합리화 과정은 '사회' 수준에서만 발생한 것이 아니라, '문화' 수준에서, 곧 근대 들어 발전한 과학과 테크놀로지, 예술, 종교 영역에서도 발생했고, 또한 '인성' 수준에서, 곧 일상생활에서 개인이 보이는 절제된 행위 양식 측면에서도 발생했다. 그런데 자신의 합리화 이론을 형성하는 과정에서 베버는 이 두 수준이 아닌 '사회' 수준에서, 곧 형식화된 법률을 통해 조직된 근대 국가와 자본주의 경제 체제 영역에서 발생하는 합리화에만 논의를 집중했다. 사실 베버의 논의에서도 '문화' 수준과 '인성' 수준에서 이루어지는 합리화에 대해 전혀 설명이 이루어지지 않은 것은 아니다. 그러나 그의 합리화 이론은 결국 '사회' 수준에서의 합리화에만 집중하고 다른 두 수준에서의 합리화에는 합당한 비중을 두지 않았다. 베버 이론에서 '합리화'가 종종 '사회합리화(societal rationalization)'와 혼용되고 있는 것도 이 때문이라고 할 수 있다.

베버에게서 '사회합리화'는 무엇을 의미하는가? 서양 근대 사회 전반의 합리화 과정에서 청교도 윤리가 어떤 역할을 했는지 논의하는 부분에서 하버마스는 베버가 "16세기에서 18세기 사이 유럽 사회 전반에 걸쳐 광범위하게 발생한 목적합리적 행위의 제도화 과정에 특별한 관심을 보이고 있다"(Habermas, 1984:217)는 점을 지적한다. 베버는 목적합리적 행위의 제도화를 촉진한 장치로서 자본주의적 경제와 근대 국가를 거론하고, 이들을 사회합리화 과정을 설명하기 위한 전형으로 지목한다. 곧 베버가 말하는 '사회합리화' 개념은 특정한 행위 양식(목적합리적 행위)이 자본주의 경제 내의 기업이나 정부 조직에서 대표적인 행위 양식으로 굳어져 가는 과정을 가리킨다.

그런데 하버마스는 사회합리화를 설명하는 베버의 논의에 대단히 심각한 난점이 있다고 주장한다. 하버마스에 따르면 베버가 설명하고 있는 합리화는 두 측면의 개념으로 이루어져 있다. 하나는 하버마스의 용어로 '문화합리화(cultural rationalization)'의 측면이고, 다른 하나는 위에서 말한 '사회합리화'의 측면이다. 베버는 합리화를 설명하기 위해 한편으로 '세계관이 합리화되는 과정'을 분석한다. 이를 위해 그는 이른바 '탈신비화(disenchantment)' 과정에 주목한다. '탈신비화'는 말 그대로 인간의 의식이 신비로움과 마술의 세계로부터 이탈한 것을 의미한다. 세계관의 합리화는 탈신비화와 더불어 인간의 인지적, 규범적, 심미적 문제들이 종교적 세계관으로부터 체계적으로 분리되어 나온 후, 각각 자체의 논리에 의해 자율성을 확보해 나가는 과정을 가리킨다.

그리고 다른 한편으로 베버는 근대 종교가 합리화되는

과정에서 그와 함께 발전한 근대적 인식 구조가 제도로 정착되는 과정, 곧 하버마스의 용어로 '문화합리화의 사회합리화로의 이행' 과정을 분석 대상으로 삼았다. 앞에서 든 하버마스의 세 수준과 이 두 측면을 각각 연결시키면 문화합리화는 '인성'과 '문화' 수준에서의 합리화에 해당하며, 사회합리화는 '사회' 수준에서의 합리화에 해당한다. 하버마스가 앞의 두 수준을 한데 묶어 '문화합리화'로 명명하는 것은 베버의 경우 양자가 동일하게 의식 구조에서의 합리화에 해당한다는 점에서 구분되지 않기 때문이다.

하버마스에 따르면 문화합리화 과정은 다양한 문화적 가치 영역들이 제각기 자율적인 영역들로 발전한 과정을 의미한다. 관습적으로 행해져 오던 마술적, 신비적 사고 방식의 극복을 통해 성취된 근대적 의식 구조의 종교적-형이상학적 세계관으로부터의 이탈은 크게 세 영역에서, 곧 과학과 테크놀로지, 자율적 예술과 심미적 가치, 그리고 보편 법률과 도덕성 영역에서 이루어진다. 이전까지 문화라고 할 수 있을 만한 것은 예외 없이 종교와 밀접한 관련을 맺고 있었다. 그러나 세 영역에서 서서히 전개된 합리화는 각각의 영역이 자체의 내적 논리에 따라 제각기 독립적으로 발전하는 계기를 마련하게 된다.

그런데 중요한 것은 문화적으로 합리화된 세계 내에서

개인의 실천적 합리성은 여전히 가치합리성과 목적합리
성을 동시에 만족시키는 방식으로 이루어졌다는 점이다.
베버가 구분한 두 가지 합리성은 아직 이 단계에서는 실제
적으로는 분리되지 않은 상태였다. 다시 말해 이 단계에
서는 개인의 행위도 도구적 합리성의 원리를 따를 수 있었
으며 그에 한해서 목적합리적으로 수행되었던 것이 사실
이나, 여전히 그 행위는 전통적인 가치들을 외면하지 않는
방식으로 수행되었다는 것이다. 따라서 이 단계에서 이루
어지는 사람들의 행위에 반영된 목적합리성은 가치합리
성의 테두리 내에서 의미를 지닐 수 있었다고 할 수 있다.
그러나 근대적 합리성에 잉태되어 있던 패러독스적 균형
은 시간이 흐를수록 목적합리성 쪽으로 편향되게 된다.
베버가 말하는 합리화의 두 번째 측면, 곧 '문화합리화의
사회합리화로의 이행'이라는 개념은 바로 이 과정을 설명
하기 위한 것이었다. 그런데 문제는 하버마스가 보기에
이에 관한 베버의 설명에 모호함과 심각한 비일관성이 존
재한다는 점이다. 무엇이 문제인가?

베버 합리화 논제의 난점

베버의 사회합리화 과정은 두 단계로 이루어진다. 첫 단
계는 행위의 목적합리적 성향이 자본주의 경제와 근대 국

가의 행정 체계를 통해 제도화되는 단계다. 이 단계는 베버가 개념화한 '세속내적 금욕(inner-worldy asceticism)'을 통해서, 곧 중세 수도원 내에서 형성된 금욕적 생활 양식이 일반인들의 생활 양식으로 자리 잡는 과정을 통해서 가능하게 된다. 하버마스에 따르면 베버는 이 과정을 청교도의 직업 문화, 곧 '소명' 윤리의 발생을 통해 설명하고 있다.

다음 단계는 이와 같이 제도화된 목적합리적 성향이 원래 그것을 가능하게 했던 종교적 토대와의 고리를 끊고 그 자체로 발전하는 단계다. 애초 자본주의 경제와 근대 국가 행정 체계의 출현을 가능하게 했던 것은 청교도 직업 윤리였지만, 제도적 장치들이 발전하면 할수록 청교도 윤리는 원래 그것이 가지고 있던 가치합리적 통제력을 상실하게 된다. 청교도 윤리는 자본주의를 그 궤도에 올려놓기는 했으나, 그 후 스스로를 유지할 수 있는 기반을 더 이상 지탱할 수 없게 된다. 청교도 윤리 속에 내재해 있던 가치합리성은 아이러니하게도 그 동반자(목적합리성)의 운명과 달리, 그것이 배태한 사회 속에서 제도화의 길을 걸을 수 없었다.

그런데 하버마스는 위에서 언급한 '문화합리화의 사회합리화로의 이행'에 관한 베버의 설명이 서양 근대 사회의 합리화 과정을 충분히 설명하고 있지 못하다고 지적한다. 이는 사회합리화를 설명하는 베버의 논의에 무언가 빠진 것이 없는지, 그리고 그 빠진 것은 베버의 사회합리화 이론 전체가 일관성을 유지하기 위해 결코 생략되어서는 안 되는 그 무엇이 아닌가 하는 것이다. 문화합리화는 근대적 의식 구조가 세계관이 합리화되는 보편적-역사적 과정, 다시 말해 종교적-형이상학적 세계관의 '탈신비화' 과정을 거치면서 재형성되는 과정이었다. 이 과정을 통해 이전에는 종교적 세계관과 통합되어 있던 가치 영역들이 분리되어 독자적으로 발전하게 되었다. 만약 이 과정이 사회합리화 과정으로 고스란히 이행되었다면, 다시 말해 사회합리화가 온전히 문화합리화를 토대로 이루어졌다면 전통적 사고방식에서 분리된 가치 영역들 또한 동일한 정도로 고려되어야 마땅하다. 둘 사이에 불연속성이 존재한다는 것이다.

하버마스의 분석에 따르면, 문화합리화에서 시작한 베버의 근대 사회 분석은 이후 사회합리화로 일관되게 진행되지 않았다. 그 대신 "베버는 기업가의 활동이 지닌 목적합리성이 자본주의 경제로 제도화되었다는 사실에서 출발해 이것을 설명하는 일이 자본주의적 근대성을 설명하는 단서를 제공해 줄 것이라고 믿어 마지않았다"(Habermas,

1984:221). 이 부분은 초기 청교도들의 사회적 노동에 투여된 세속내적 금욕이라는 개념으로 설명된다. 하버마스의 주장은 이 과정에서 자본주의 경제의 기능적 요구 조건들을 충족시킬 만한 새로운 형태의 사회 통합이 이루어졌는데, 베버는 이 새로운 형태의 합리화 과정을 사회 그 자체의 합리화 과정으로 확대 해석하는 오류를 범했다는 것이다. 요컨대 베버는 문화합리화에서 사회합리화로 이행하는 과정에서 합리화의 의미 자체를 부당하게 축소하는 오류를 범하고 만 것이다.

하버마스의 궁극적 의도는 베버의 이러한 협소한 시각에서 배제되었던 합리성의 측면, 곧 근대성의 잠재적 가능성으로 여전히 남아 있는, 그러나 아직 실현되지 못한 합리성의 규범적 측면을 복구하는 데 있다고 할 수 있다. 하버마스는 다른 비판이론가들과 달리 이성의 도구적 측면에 대한 회의적 분석에 머물지 않고 그것의 해방적 기능이 여전히 유효하게 작동할 가능성이 남아있다는 점에 주목한다. 이 가능성을 개념화하는 것이 하버마스가 의사소통적 행위 이론에서 목표로 삼은 것이었다.

참고문헌

Habermas, J.(1984). *The theory of communicative action:*
   Reason and the rationalization of society: Vol I. In T.
   McCarthy(trans.). Boston: Beacon Press.

05

언어적 전회를 통한
합리성 개념의 재구축

하버마스의 의사소통적 행위 이론은 '언어적 전회'라 불리는 20세기 철학의 특징적인 흐름을 반영하고 있다. 베버나 『계몽의 변증법』 저자들이 근대적 이성에 비관적인 진단을 내릴 수밖에 없었던 것은 그들의 관점이 여전히 의식의 철학, 주관의 철학에 머물러 있었기 때문이다. '언어적 전회'는 기본적으로 계몽주의에 비판적인 사상가들에게서 목격되는 패러다임이지만, 하버마스는 여타의 반계몽주의 사상가들과 달리 계몽적 기획을 지지하는 편에 선다.

하버마스 후기 사상의 중심 주제

『계몽의 변증법』은 계몽의 신화로의 퇴행 과정을 매우 다층적으로 논의함으로써 계몽 그 자체가 지니는 자기 모순적이고 자기 파괴적인 실상을 다양한 각도에서 조명해 주었다. 이 책이 던져 준 계몽에 대한 어두운 진단이 이후 현대 사상가들에게 계몽에 대한 체념적인 태도를 보이게 한 것은 사실이다. 그러나 철학자로서의 호르크하이머와 아도르노가 '계몽의 구원'을 전적으로 포기한 것이라고는 할 수 없다(노성숙, 2003:211). 그리고 이 점은 베버에서도 마찬가지였다.

사회학자로서 베버는 합리성과 합리화 논제를 분석하는 과정에서 철두철미한 과학자의 태도를 유지하려 했고, 따라서 그의 논의 전체에서 이 두 개념은 그 기술적(記述的) 의미의 한계를 벗어나지 않았다. 그러나 합리성과 합리화 비판의 원천이 되는 유토피아적 이상과 그것에 내재된 해방과 자유를 향한 힘과 열정에 대한 기대가 그 개념으로부터 완전히 사라진 것은 아니었다. 베버가 서양 근대 사회의 합리화 과정에 비관적인 태도를 보인 것도, 비록 그의 논의에 표면적으로 노출되지는 않았지만, 그가 합리성의 해방적 지향성에 대한 기대를 여전히 놓지 않았기 때문이라 할 수 있다.

근대적 이성에 대한 비판적 관점들은 '근대성의 역설'을 한쪽 방향에서 규정한 데서 초래된 이론적 결과였다. 근대성의 역설 또는 합리화의 패러독스는 인간 이성이 그것이 원래 추구했던 해방적 기능만이 아니라 지배적, 파괴적 기능을 동시에 갖고 있다는 점에 주목한 결과 도출된 논제였다. 그러나 우리는 이 역설 또는 패러독스라는 논제를 그것의 유토피아적 속성을 복구하는 데도 똑같이 활용할 수 있다. 계몽의 어두움이 이성의 역설적인 성격에서 초래된 것이라면, 다시 이성의 해방적 기능을 복구하는 방법도 그것의 역설적인 성격에서 찾아낼 수 있다는 것이다. 베버가 자신의 방법론적 한계로 인해 결국 해결할 수 없었던 합리화의 패러독스는 하버마스의 의사소통적 행위 이론에서 어떤 방식으로 재해석되고 있는가? 하버마스의 후기 사상은 바로 이 문제를 중심으로 전개되고 있다.

『의사소통적 행위 이론』을 통해 하버마스가 이루고자 한 핵심 과제는 '합리성의 이론'을 탐구하는 것, 그리고 그 결과로서의 '의사소통적 합리성'을 이론적 - 실천적 작업을 수행하는 데 작용하는 하나의 규범적 기준으로 개념화하는 것이었다. 그의 "전기 사상 속에서 비판이론의 핵심적 과제가 해방적 관심을 가진, 비판적이며 반성적인 사회 이론을 어떻게 획득하느냐에 있었다면, 후기 사상의 핵심은

이 사회 이론이 근거한 '합리성의 이론'을 탐구하면서 그
것을 '의사소통적 합리성'에 있다고 주장하는 데 있다"(이
삼열, 1996:60)는 것이다.

언어적 전회

그렇다면 이전 세대 비판이론가들이 보였던 이론적 한계
를 하버마스는 어떻게 극복하고 있는가? 베버의 논의가
남긴 합리화에 관한 패러독스로부터 벗어나기 위해 하버
마스가 취한 방식은 합리성 개념을 의사소통의 맥락에서
재해석하는 새로운 방법론적 관점을 채택하는 것이었다.
하버마스는 근대 사회의 합리화 과정을 단지 목적합리성
의 확산과 함께 의사소통적 행위 영역이 그것의 하위 체제
로 종속되는 과정으로 이해하지 않았다. 대신에 그는 근
대 사회의 합리화 과정을 행위자 각자의 실질적인 행위에
논리적으로 가정되어 있는 공통된 배경 지식으로서의 생
활세계를 바탕으로 한 '상호 이해를 지향하는 행위'의 관
점에서 분석한다(Habermas, 1984:339). 하버마스의 이러
한 새 관점은 이른바 '언어적 전회'라는 철학적 패러다임
을 기초로 이루어진다.

의사소통적 행위 이론을 구성할 때 하버마스가 갖고 있
었던 한 가지 중요한 의도는 "합리성의 개념을 더 이상 근

대 철학과 사회 이론에 함의된 주관적이고 개인적인 전제들에 한정시키거나 묶어 두지 않겠다"(McCarthy, 1984:viii)는 것이었다. 하버마스는 근대성의 부정적인 면과 긍정적인 면을 동시에 설명해 낼 수 있는 사회 이론을 제시하고자 했는데, 그 출발점은 "의식의 철학으로부터 언어의 철학으로의, 그리고 주관적 이성과 합리성 개념으로부터 의사소통적 이성과 합리성 개념으로의 패러다임 전환"(d'Entrèves, 1997:1)이었다. 요컨대 하버마스는 인간의 언어 사용 능력 또는 언어 사용 경험을 철학적 사유의 중요한 기반이자 대상으로 삼는 '언어적 전회'라 지칭되는 20세기 철학의 특징적인 흐름을 반영하고 있다는 것이다.

'언어적 전회(linguistic turn)'라는 용어는 20세기 전반기 논리실증주의자들의 모임으로 알려진 빈 학파의 멤버였던 구스타프 베르크만(Gustav Bergmann)이 자신의 1964년 책에서 조지 무어(George Edward Moore)와 루트비히 비트겐슈타인(Ludwig Wittgenstein)의 분석철학을 지칭하기 위해 최초로 사용한 용어인데, 이후 리처드 로티(Richard Rorty)가 1967년 자신이 편집한 책의 제목으로 이 용어를 쓰면서 언어적 전회는 단순히 분석철학만이 아니라 20세기 학문 전반을 가리키는 용어로 쓰이게 되었다(정대성, 2015:236). 언어적 전회는 철학적 논의의 장에서

'언어'가 '의식'과 맺는 관계를 보는 관점에 대전환이 이루
어졌음을 의미한다.

언어적 전회는 19세기 말, 20세기 초에 수행된 철학과 인문
학 전반에 확산된 사유 운동이고, '서사적 전회'는 언어적 전
회 내에서 언어의 서사적 특징에 주목하는, 1960년대 중반
이후 오늘에 이르는 거대한 학문적 흐름을 말한다. 이러한
전회는 고-중세의 '존재' 연관적 사유, 근대의 '의식' 연관적
사유에 비견될 만큼 사유의 역사에서 획기적 변혁이라 할
수 있다. 전통적 사유가 언어 적대적이었다면, 언어적 사유
는 인간의 사유에서 언어가 지식 구성적 특성을 가지며, 심
지어 삶과 언어(서사)를 동등한 것으로 여긴다.(정대성,
2015:236).

기존에는 의식이 사유의 중심이었고, 언어는 다만 그것
을 표현하는 매체라는 이차적 의미만을 가졌다. 이성으로
대표되는 인간 의식에 비해 부차적인 의미만을 가졌던 언
어에 철학자들이 주목하게 된 것은 언어가 인간 사유 자체
의 대단히 중요한 조건이라는 사실을 그들이 인지했기 때
문이다. 그렇다면 이러한 패러다임 전환이 이루어지기 전
에 이성이나 합리성의 성격은 어떤 식으로 규정되었는가?

하버마스는 어떤 사고 프레임을 해체하고자 하는가?

'고립된 사색인' 패러다임의 극복

하버마스가 해체하고자 하는 패러다임은 근대 초기 르네 데카르트(René Descartes)에 의해 형성된 패러다임, 곧 '고립된 사색인'의 패러다임이라고 할 수 있다. 이 패러다임에 따르면 일체의 지식과 도덕성에 대한 적절하고도 근원적인 비판이 가능하려면 우리는 외부 세계로부터 고립된 채 사고를 수행해야 한다. 사실 이와 같은 방법적 유아론(唯我論)은 18세기 말 이마누엘 칸트(Immanuel Kant)의 철학과 그보다 두 세기 앞서 등장한 경험론자들과 합리론자들의 철학에서도 발견된다.

그런데 이 패러다임에는 한 가지 결정적인 문제가 있다. 그것은 이 접근법에서 주체는 필연적으로 객관 세계로부터 분리될 수밖에 없다는 점이다. 결과적으로 이 모델과 연결된 합리성은 주체로 하여금 가변적인 환경에 관한 지식을 획득케 하고, 그 환경에 자신을 적응시키며, 그것을 조작하는 데 효율적으로 활용되는 '인지적-도구적' 합리성의 형태를 띠게 된다(McCarthy, 1978:xi).

또한 우리는 데카르트의 패러다임을 통해서는 사람들의 의사소통적 행위가 토대로 하는 간주관적(間主觀的),

대화적 특성을 파악할 수 없다는 점에 특히 주목할 필요가 있다. 이는 바로 여기에 근대성 개념에 완전히 다른 방식으로 접근케 하는 대안적인 합리성 개념의 단서가 들어 있기 때문이다. 이제 더 이상 합리성을 개념화하기 위해 주관의 철학에 의존할 필요가 없어졌다. 하버마스는 이성을 통한 자유의 획득이 있는 곳에 지식은 더 한층 억압을 가져다 줄 것이라는 베버의 예언은 틀렸다고 주장한다. 왜냐하면 베버의 진단은 이성 그 자체가 아닌, 주관을 중심으로 해석된 이성 개념을 대상으로 이루어진 것이기 때문이다. "주관 중심의 이성은 그것의 도구적인 변형에 의해 희생될지 모르지만, 이성 그 자체 혹은 다른 형태의 이성, 곧 의사소통적 이성은 그렇지 않다"(Rasmussen, 1990:5)는 것이다.

20세기 사회이론가로서 하버마스가 채택한 '언어적 전회'는 기본적으로 계몽주의적 합리성에 대한 비판과 맥을 같이하지만, 하버마스는 여타의 반계몽주의 사상가들과 달리 계몽적 기획을 지지하는 편에 선다.

언어적 전회는 의식 중심적 근대의 철학적 사유, 특히 계몽의 합리주의적 사유가 인간(과 세계)을 객체화, 파편화, 원자화, 개인주의화했다는 반성에 기초하고 있다. 하지만 언어적 전회의 주창자들이 모두 계몽이 주창한 합리주의적 사유를 온전히 부정한 것은 아니다. 특히 이해의 기술로서의 해석학적 전통이나 오스틴이나 설, 아펠, 하버마스 등에 이르는 계열은 언어에 내재한 합리적, 혹은 해방적 계기에 주목함으로써 계몽의 기획을 계속 수행하고자 한다.(정대성, 2015:237~238)

베버가 합리화에 내재된 패러독스의 어두운 면에 사로잡혀 있었다면, 하버마스는 같은 것에서 밝은 면을 본다. 베버는 합리화 과정을 오로지 그것의 제도적인 수준에서만 분석했다. 사회합리화 과정을 분석할 때 베버가 사용했던 목적합리성 개념은 하버마스에 따르면 합리성의 한 측면에 불과하다. 이 개념이 20세기 비판이론가들의 마음을 지배하고 있었던 가장 큰 이유는 이들이 사용하는 분석의 틀이 여전히 이른바 '의식의 철학'을 넘어서지 못했거나 주관 중심의 이성 개념을 극복하지 못했다는 데 있다. 하버마스가 보기에 이 관점이 극복되지 않는 한 합리성은 새로운 형태를 띨 수 없다. 목적합리성이 아직도 자본주의 경제와 근대 관료주의적 행정 체제에서 기능을 발휘하고 있다는 점은 사실이다. 그러나 합리적 행위는 이로는 설명할 수 없는 또 다른 특징을 지니고 있으며, 이 특징은 의사소통적 행위라는 틀을 통해서만 비로소 파악될 수 있다. 요컨대 인간의 합리적 행위는 주어진 목적을 달성하기 위한 행위만이 아니라 의사소통적 행위로서 파악되어야 한다는 것이다.

참고문헌

노성숙(2003). 계몽과 신화의 변증법: 계몽의 어두운 걸림돌.
≪철학과 현실≫, 제59호, 200~212.

이삼열(1996). 하버마스의 삶과 철학의 도정. ≪철학과 현실≫,
제28호, 42~63.

정대성(2015). 언어적-서사적 전회의 철학적 함의와 하버마스의
대응. ≪가톨릭철학≫, 24권 0호, 235~258.

Habermas, J.(1984). *The theory of communicative action: Reason
and the rationalization of society: Vol I.* In T. McCarthy
(trans.). Boston: Beacon Press.

McCarthy, T.(1978). *The Critical Theory of Jürgen Habermas.*
Cambridge: The MIT Press.

d'Entrèves, M. P.(1997). *Introduction to Habermas and the
unfinished project of modernity: Critical essays on the
philosophical discourse of modernity.* In M. P. d'Entrèves &
S. Benhabib(eds.). The MIT Press.

Rasmussen, D. M.(1990). *Reading Habermas.* Cambridge: Basil
Blackwell.

06

이층위적 사회 개념과 생활세계의 합리화

하버마스는 베버가 근대 서양 사회의 합리화 과정을 체제 차원에서만 분석했다고 주장한다. 그러나 사회의 합리화 과정은 체제 차원만이 아니라 생활세계의 차원에서도 동일한 정도로 이루어졌다는 것이 하버마스의 주장이다. 하버마스의 관심은 언어 사용 주체로서의 개인과 개인 간의 상호작용을 통해서 이루어지는 합리화 과정, 그리하여 체제 차원에서 진행되는 합리화 과정에 규범적 방향성을 제공하는 생활세계의 합리화 과정을 조명하는 것이었다.

체제와 생활세계

베버를 포함해 제1세대 프랑크푸르트학파 비판이론가들이 근대 사회의 합리화를 비관적으로 볼 수밖에 없었던 것은 결국에는 사회 변화를 지나치게 단순화해서 보았기 때문이라고 할 수 있다. 합리화 과정을 인간 삶이 탈신비화되는 과정을 거쳐 그 다양한 영역들에서 합리성이 증대된 과정이라고 한다면, 이러한 사회 진화는 비단 형식성을 갖춘 제도적 영역에서만 이루어졌다고 할 수 없다. 제도적-형식적 영역 외에 일상인들 간의 의사소통을 통해 이루어지는 비형식적 삶의 영역 또한 그에 못지않은 합리화 과정을 밟았다고 말해야 한다.

하버마스는 바로 이 또 다른 삶의 영역, 앞의 제도적 행위 영역과 차원이 다른 행위 영역을 상정하고 그것을 '생활세계(lifeworld)'라고 지칭한다. 사회는 '체제(system)'과 '생활세계'라는 두 층위로 파악된다. 베버는 경제 체제나 행정 체제 차원에서 진행되는 합리화만 파악했을 뿐, 생활세계 내의 일상적 실제에서 나타나는 다차원적인 합리화 과정을 올바르게 해명하지 못했다. 베버가 근대적 합리화 과정을 단지 목적합리성의 증대 과정으로만 해석한 것은 바로 이 때문이다(김원식, 2007:43).

그렇다면 '체제'가 아닌 '생활세계'에서 이루어진 합리화란 무엇을 가리키는가? 베버를 논의하면서 하버마스는 줄곧 사회합리화 과정 분석에서 베버가 보인 협소한 시각을 비판하고 있다. 베버는 사회합리화를 자본주의 경제와 근대 국가에서 목적합리적 행위가 제도화되는 과정을 통해 설명하고 있지만, 하버마스에 의하면 전통적 종교의 굴레로부터 자유로워진 문화적 가치 영역들이 제도화된 것은 비단 인지적-도구적 지식의 경우에만 국한되지 않았다. 자본주의 경제와 근대 국가 체제를 통해서 인지적 요소들이 제도화된 것과 꼭 마찬가지로 여타의 지식들, 곧 심미적 요소와 도덕적 요소 또한 제도화의 길을 걸었다는 것이다. 심미적-자기 표현적 요소는 이른바 예술 산업의 영역에서 제도화되었으며, 도덕적-실천적 요소는 법률 교육 기관과 법 체제, 그리고 합법화된 공적 생활 영역 등에서 제도화되었다.

하버마스 주장의 핵심은 여러 문화적 영역들에서 이루어진 제도화 과정, 다시 말하면 '체제'에서의 합리화 과정과 함께, 일상인들이 행하는 비형식적 의사소통의 영역에서도 동일한 정도의 합리화가 이루어졌다는 것이다. 그가 주목하는 것은 "다양한 문화적 영역들에서 이루어진 제도화의 과정과 형식화된 합리성의 발전과 더불어, 오직 쌍방 간의 이해를 지향하는 행위의 관점에서만 파악 가능한 일상생활 영역에서의 합리화, 곧 베버가 놓친 생활세계의 합리화 과정 또한 동일한 정도로 진행되었다"(Habermas, 1984:340)는 점이다. 하버마스의 관심은 베버가 분석한 합리화가 아닌 '또 다른 영역에서의 합리화', 곧 언어 사용 주체로서의 개인과 개인 간의 상호작용을 통해서 이루어지는 합리화 과정, 그리하여 제도 차원에서 진행되는 합리화 과정에 규범적 방향성을 제공하는 생활세계의 합리화 과정을 조명하는 데 있었다.

생활세계의 개념

세일라 벤하비브(Seyla Benhabib)에 따르면, 생활세계 개념은 에드문트 후설(Edmund Husserl)을 중심으로 형성된 현상학적 전통에 의해서 철학과 사회 이론계에 처음으로 소개되었다. 후설 현상학에서 생활세계는 "주제화되기 이전의 직관적인, 그리고 '항상 이미' 가정되어 있는 기대와 정의, 방향성의 양상들로"(Benhabib, 1986:238) 이루어진 체계다. 이러한 생활세계는 사회적 행위가 이루어지는 배경으로 작용한다. 생활세계를 '배경'이라 하는 것은 생활세계는 오직 배경으로 잠재되어 있다가 특정한 사회적 행위가 수행될 때 비로소 그와 관련된 요소들만 행위의 상황 속으로 들어온다는 점 때문이다.

그러나 현상학적 설명은 그것이 이른바 '의식과 지각의 철학'에만 의존하고 있다는 점에서 큰 결함이 있다. 현상학적 생활세계 개념은 인식과 행위에서 사회적, 공적 맥락의 중요성을 부각하고 있지만, 행위 주체가 어떤 과정을 거쳐 그러한 간주관성의 형식들을 습득하게 되는지 이렇다 할 설명을 제공하지 못하고 있다. 현상학적 관점이 지닌 이러한 불명료함은 이후 생활세계를 '문화적으로 전승되고 언어적으로 조직된 의미 양상들의 저장고'로 파악한 해석학적 관점들에 의해서 상당 부분 해소되었다. 그러나 하버마스는 해석학의 보완된 관점을 받아들이되, 생활세계를 단지 문화적 개념으로서만 파악하려는 경향은 경계한다. 하버마스에서 생활세계의 지평은 문화적 의미 양상들로만 구성된 것이 아니라 다양한 형태의 규범과 주관적 경험, 실천적 요소들, 그리고 개인이 지닌 기예적 요소들까지 포함하는 광범위한 개념이다(Benhabib, 1986:238).

하버마스는 현상학적으로 기술된 생활세계의 양상들은 생활세계 개념을 우리의 의사소통적 행위와 더불어 그것을 보완하는 개념으로 간주할 때 훨씬 쉽게 설명될 수 있다고 주장한다. 그리하여 의사소통적 행위 이론의 구조 내에서 하버마스의 생활세계 개념은 다음의 세 측면으로 재구성된다. 첫째, 생활세계는 의사소통적 행위의 주체들에게 의문의 여지없이 당연한 가정으로 주어지며, 이것은 문화적으로 전수되고 언어적으로 조직된 일련의 지식으로 구성된다. '반성 이전의 지식'으로서 생활세계는 일련의 의사소통 상황을 함께 경험하고 있는 구성원들에게 암묵적으로 합의된, 그리하여 의문의 여지가 없는 공통적 배경 지식으로 작용한다.

둘째, 생활세계는 의사소통적 행위의 당사자들에게 선험적 형태로 작용한다. 상황은 변화하지만 그 변화가 상황의 토대가 되는 생활세계 자체의 경계가 붕괴됨을 의미하지는 않는다. 개별 행위자의 삶은 무수히 많은 다양한 형태의 행위 상황들로 이루어진다. 행위 상황들의 총합이 그들 삶의 총체를 구성하는 셈이다. 개별 행위자의 삶은 마치 다양한 행위 상황들 사이를 옮겨 다니는 것과 같다. 중요한 것은 행위 주체가 상황과 상황 사이를 옮겨 다니는 그 어떤 경우에라도, 말하자면 허공에 발을 딛게 되는 경우는 결코 있을 수 없다는 점이다. 한 상황에서 다른 상황으로 발을 옮길 때마다 매번 종류가 다른, 그리고 이미 해석되어 그를 기다리고 있는 생활세계의 또 다른 영역에 행위자는 발을 들여 놓을 수밖에 없다는 것이다.

셋째, 의사소통 행위자들이 경험하는 생활세계의 확실성은 일종의 사회적 선험성에서 비롯되며, 이는 언어 사용을 통해 성취되는 상호 간의 이해, 곧 의사소통 행위자들 간의 간주관성에 토대를 두고 있다. '간주관성'이라는 아이디어는 현상학자들이 생활세계를 개념화할 때 이미 인지된 바지만, 하버마스는 현상학자들이 간주관성 성립의 필수조건인 언어의 중요성, 특히 사회적 상호작용을 가능케 하는 매개체로서의 언어의 중요성을 충분히 인식하지 못했다고 지적한다.

개인의 생활세계는 한 사람의 사적인 세계로서 존재하는 것이 아니라 다른 사람들과 언어적으로 상호작용함으로써 비로소 존재하는 간주관적으로 공유되는 세계다. 생활세계는 "대화의 당사자들이 만나는 선험적 장이며, 그 속에서 그들은 각자 자기의 언설이 객관적·사회적·주관적 세계와 부응한다는 주장을 제기하고, 또한 상대의 그러한 주장을 비판하고 인정하는 과정을 통해서 상호 간 의견의 불일치를 해소해 나간다"(Habermas, 1989:126).

생활세계의 합리화

합리성은 두 가지 형태로 존재하며, 따라서 근대 서양 사회의 합리화 과정 또한 단선적인 과정이 아니라는 하버마스의 분석은 합리화의 역설 또는 패러독스라는 논제를 새로운 시각에서 재고할 수 있도록 한다. 베버가 합리화 과정을 목적합리성의 관점에서만 분석하고 그에 따라 합리화 과정을 '체제' 면에서만 파악했던 것에 비해, 하버마스는 이 합리화를 또 하나의 합리화, 곧 '생활세계'의 합리화와 함께 분석한다. 베버에게 합리화의 패러독스는 "한편으로는 마법에서 풀려난 의식의 인지적 구조가 사회적 상호작용과 문화적 담론의 세속적 체계로 제도화되고 난 후, 다른 한편으로는 자율적이고 합리적인 개인을 형성하고 있던 사회적 기반이 서서히 허물어져 가는 과정"(Wellmer, 1985:43)을 가리키는 말이었다. 이 과정을 분석하는 베버의 시각이 비관적인 데 머물 수밖에 없었던 것은 여기서 체제의 합리화와 함께 개별 인간의 삶이 어떻게 스스로를 합리화시켜 나가는지 보지 못했기 때문이다.

그에 비해 하버마스는 체제와 생활세계 간의 구분을 개념화하고 이를 통해 베버 이론의 난점을 재구성한다. 이제 합리화의 패러독스는 다음과 같이 재개념화된다. "생활세계의 합리화는 애초에 체제의 합리화와 분화의 전제조건이요 출발점이었으나, 이후 체제가 생활세계에 붙박여 있던 규범적 논리로부터 갈수록 자율성을 획득하게 되고, 결국에 체제의 논리가 거꾸로 생활세계를 도구화하고 그것을 파괴해 나가는 과정이 도래하게 된다"(Wellmer, 1985:56).

이와 같은 재구성이 지닌 가장 중요한 점은 이제 합리화의 패러독스가 더 이상 '패러독스'로 남지 않아도 된다는 점이다(Bernstein, 1985:23; Wellmer, 1985:56). 베버 이론에서 해결 불가능한 상태로 꼬여 있던 합리화 과정은 그 자체로 반드시 역사적 필연성일 필요가 없게 되었다. 베버에게 근대인 간의 사회적 관계가 비인격화되고, 그들의 삶이 기계화되고 부자유롭고 무의미하게 된 것은 근대 사회의 합리화 과정에 내재된 합리성의 내적 논리 때문이었다. 그러나 이제 하버마스에 따르면 그 과정은 단지 선택적 합리화의 결과일 뿐이다. 그것이 우리의 선택에 의해서 만들어졌다는 것은 이제 다른 선택을 통해 대안적인 가능성을 형성할 수 있게 되었다는 것을 의미한다.

합리화의 논제는 결코 역사적 필연성에 관한 논제가 아니다. 그것은 가능성에 관한 논제인 것이다. 사실은 다른 형태의 행위와 다른 형태의 합리성과 다른 형태의 합리화 과정이 있을 수 있으며, 이것들을 통해서 체제의 합리화와 분화의 역동을 초래한 원인을 분석하고 근대성이 몰고 온 병적 현상을 진단할 수 있다. 그리고 보다 중요한 것은 하버마스의 이론적 관점을 통해 생활세계 내의 합리성을 증진시킬 필요를 개념적으로 부각시키고, 합당한 만큼의 체제적 합리화와 생활세계의 합리화 사이에 적절한 균형을

이룸으로써 다가오는 미래의 번영을 조명할 수 있다는 점
이다(Bernstein, 1985:24).

참고문헌

김원식(2007). 근대성의 역설과 프랑크푸르트 학파 비판이론의 전개. ≪사회와 철학≫, 제14호, 35~64.

Benhabib, S.(1986). *Critique, norm, and utopia: A study of the foundations of critical theory.* New York: Columbia University Press.

Bernstein, R. J.(1985). *Introduction to Habermas and modernity.* In R. J. Bernstein(ed.). The MIT Press.

Habermas, J.(1984). *The theory of communicative action: Reason and the rationalization of society: Vol I.* In T. McCarthy (trans.). Boston: Beacon Press.

Habermas, J.(1987). *The theory of communicative action: Lifeworld and system: A critique of functionalist reason: Vol II.* In T. McCarthy(trans.). Boston: Beacon Press.

Wellmer, A.(1985). Reason, utopia, and the dialectic of enlightenment. In R. J. Bernstein(ed.). *Habermas and Modernity.* Cambridge: The MIT Press.

07

의사소통을 통해 쌍방 간의
이해를 지향하는 행위

의사소통적 행위는 대화자들이 특정의 주제에
대해서 각기 '타당성 주장'을 제기하고 그렇게
주장된 타당성을 오직 '보다 좋은 주장의 힘'에
의해 판단하는 과정이어야 한다고 요청한다.
또한 그것이 대상으로 하는 생활세계는 객관적,
규범적, 주관적 세계 전체를 포괄한다. 이
장에서 우리는 하버마스의 의사소통적 행위, 곧
의사소통을 통해 쌍방 간에 이해를 지향하는
행위가 어떤 것인지, 그것은 어떤 개념적
요소들로 구성되는지를 본격적으로 논의한다.

의사소통적 행위의 합리성

의사소통적 행위라고 불리는 합리적 행위는 기존의 합리적 행위들과 어떻게 다른가? 목적합리적으로 행위할 때 행위자는 자기 행위의 합리성 여부를 그것이 달성하고자 하는 사실적 목적을 어느 정도로 효율적으로 달성하게 할 것인가 하는 기준으로 판단한다. 이와 달리 의사소통적 행위의 합리성은 그것이 얼마나 성공적으로 대화자 상호 간의 이해를 이끌어 내는지, 그들 간에 공유하고 있는 지식을 토대로 서로 간에 신뢰 관계를 형성하고 서로를 이해하는 관계를 형성하는 데 얼마나 도움을 줄 것인지를 기준으로 판단된다.

합리적 의사소통 행위는 의사소통을 수행하는 대화자 쌍방 간 현재 진행되는 대화 과정에서 특정 주제에 관해 각자가 타당성을 주장하고 있으며, 그 타당성이 상대방에 의해서 승인되거나 혹은 부인될 것이라는 점을 가정한다. 하버마스의 용어를 사용해 표현하면, 의사소통적 행위의 주체들은 행위 과정에서 서로 간에 '타당성 주장(validity claim)'을 제기한다. 대화자들 간에 이루어지는 대화는 각자가 상대방에게 자기주장이 타당하다는 점을 적극적으로 제시하는 과정이라는 것이다. 합리적 의사소통 과정은 '타당성 주장'들이 쌍방 간의 동의와 공감 또는 반박과 재론을 거쳐 해당 대화의 주제에 관한 모종의 합의로 이어지는 과정이다. 물론 실제로는 많은 경우 의사소통 과정에서 발생하는 갈등과 의견의 불일치를 제기된 주장의 타당성과 상관없는 여타의 전략과 기술을 사용해서 제거하려 하는 경우들이 있을 수 있다.

바로 이 대목에서 등장하는 것이 하버마스가 '보다 좋은 주장의 힘(force of the better argument)'이라고 명명하는 아이디어다. 이 개념을 통해서 하버마스는 의사소통 과정에서 참여자들 간 의견의 불일치와 갈등이 발생할 때 다른 기준들에 의해서가 아니라 각각의 주장 중에 어떤 것이 더 '좋은' 주장인지, 어느 쪽이 보다 타당한 주장인지의 기준만으로 의견 불일치와 갈등을 해소하는 일종의 이상적인 상황을 설정하고 있다(McCarthy, 1978:292). 바로 이 점이 하버마스의 의사소통적 합리성을 규범적 토대 위에 개념화할 수 있는 근거가 된다.

목적지향적인 행위의 수행자가 행위를 합리적으로 수행하려면 그는 객관적 세계에 관해 이미 참으로 판명된 지식을 소유하고 있어야 한다. 행위자는 그 지식에 비추어 자기 행위가 현재 달성코자 하는 목적을 얼마나 효율적으로 달성케 해 줄 것인지를 판단할 것이다. 그러나 의사소통적 행위를 수행하는 화자(話者)의 합리성은 이와 상이한 기준에 따라 판단된다. 이 경우 화자의 합리성은 현재 대화 주제에 자신이 얼마나 타당한 주장을 펼치고 있는지, 그리고 상대방의 주장을 반박하거나 동의할 경우에 얼마나 타당한 근거를 기준으로 삼는지에 따라 판별된다.

의사소통적 행위의 구조

베버에게서 합리적 행위 유형 전부가 목적합리적 행위로 환원되었던 것과 달리, 하버마스는 이와 같은 '전부 아니면 전무'의 접근을 고집하지 않는다. 우리는 목적합리적 행위 체제를 전적으로 폐기할 수도 없거니와 그럴 필요도 없다. 문제가 되는 것은 제도화된 형태의 목적합리성 그 자체가 아니라, 다른 유형의 행위 규칙에 의해 운영되어야 할 여타 삶의 영역들까지 목적합리성의 통제를 받는 것, 말하자면 목적합리성에 의한 삶의 전반적인 식민지화라 할 수 있다. 하버마스의 용어를 써서 표현하면 우리는 '체제 통합'의 면과 '사회적 통합'의 면, 혹은 '시스템'과 '생활세계' 간의 균형을 유지할 필요가 있다는 것이다. 목적합리적 행위는 현대 자본주의와 행정 시스템이 작동하도록 하는 데 반드시 필요한 행위 유형이다. 중요한 것은 이 유형의 행위가 그 역할 범위를 초과해 사람들의 생활세계 전반을 지배하는 일이 없도록 하는 것이다. 생활세계에서 이루어지는 사람들 간의 행위(의사소통적 행위)는 다른 형태의 합리성, 곧 의사소통적 합리성에 따라서 이루어지는 행위기 때문이다.

생활세계는 사람들 간에 이루어지는 의사소통적 상호작용이 이루어지는 세계 전체(객관적 세계, 규범적 세계, 주관적 세계)를 포괄한다. 생활세계에서 이루어지는 사람들 간의 언설(言說)은 그것에 참여하는 사람들이 서로 주관적으로 공유하고 있는 세계에 관한 것이라는 점에서 합리적 평가의 대상이 될 수 있다. 과학적으로 증명된 지식 체계 위에 성립된 객관적 세계가 합리적 평가의 대상이 된다는 점은 명백하다. 규범적 세계, 곧 우리 행동을 규제하는 형식적, 비형식적 규칙의 체계들도 합리적 대화의 내용이 될 수 있다. 규범적 세계 또한 의사소통에 참여하는 사람들 사이 간주관적으로 공유되고 있는 세계이기 때문이다. 하버마스는 심지어 사람들의 주관적 세계도 그것이 언설화되었을 때는 간주관성(間主觀性; intersubjectivity)이 적용될 수 있다고 주장한다. 말하자면 모든 것이 합리적 대화의 내용이 될 수 있다는 것이다.

생활세계는 우리가 그것에 대해서 말할 때 무언가를 '의미'하려고 한다는 점에서 합리적 대화의 내용이 된다. 하버마스에 따르면, 무언가를 의미하려는 행위는 하나의 논증 행위, 곧 타당성을 주장하는 행위로 이해되어야 한다. 대화가 진행되는 중에 화자(話者)가 청자(聽者)에게 어떤 의미를 전달하기 위해서 하는 모든 언설들은 어떤 것에 대한 타당성을 제기하는 언설들이다. 나와 공유하고 있는 생활세계의 한 특정 부분에 대해 누군가에게 말할 때, 나는 내 말이 타당하다는 주장을 함께 하고 있는 셈이 된다.

대부분의 경우 말하는 사람이 자기가 하고 있는 말의 타당성을 함께 주장하고 있다는 점이 표면적으로 인식될 필요가 없을지 모른다. 대화자 쌍방 간에 자기주장의 타당성을 주장한다는 점은 너무도 당연하므로, 이는 보통 문제되지 않는다. 그런데 화자 측의 타당성 주장이 청자 측에 의해 도전을 받을 경우, 그리고 도전이 발생한 이후에 대화 당사자들의 관심이 오로지 현재 대화 주제에 관해 보다 타당한 주장을 펼치는 일에 집중될 경우, 두 사람의 의사소통은 '담론(談論; discourse)' 수준으로 옮겨 가게 된다. 담론 과정에서 대화자 쌍방이 제기한 주장들은 오직 현재 문제시되고 있는 맥락 내에서 어느 쪽이 보다 더 타당한 이유에 의해 성립될 수 있는지의 기준에 의해서만 평가된다. 담론 상황은 오로지 '보다 좋은 주장의 힘'에 의해서 해소될 수 있는 상황을 가리킨다. 의사소통적 행위는 바로 이러한 요소들에 의해서 진행되는 상호작용을 의미한다.

　그러나 명백히, 사람들 간에 이루어지는 의사소통이 모두 이런 형태로 이루어지는 것은 아니다. 의사소통적 행위가 아닌 의사소통의 두 가지 전형적인 경우는 다음과 같다. 첫째는 말하는 쪽의 주장이 주장 그 자체의 타당성에 의해 받아들여지는 것이 아니라, 주장과 별 상관없는 다른 요소들에 의해 받아들여지는 경우다. 듣는 사람들에게 공포감을 조성하거나, 절박한 사정을 이용하거나, 어떤 초자연적인 힘에 의지하려는 욕구를 활용하거나, 혹은 지적 불완전함을 이용하는 경우 등이 이에 해당한다. 의사소통적 합리성의 기준에 따라 보면 이런 행위들은 모두 비합리적 행위다. 이 방법들이 얼마나 효과적인가에 상관없이, 우리가 의사소통적 합리성을 토대로 한 환경을 조성하고자 한다면 이런 방법들은 피하는 것이 마땅하다.

　둘째는 말하는 쪽이 어떤 이기적인 목적을 달성하기 위해 듣는 사람의 신뢰를 악용하는 경우, 곧 말하는 내용에 대한 상호 간의 공통적인 이해가 결여된 경우다. 대표적으로 상대방을 속이는 행위가 이에 해당한다. 화자는 청자가 자신의 말을 믿도록 유도하지만 자신이 말하는 바는 진실이 아니다. 이 경우, 화자의 의도가 성공할지 실패할지는 청자의 반응에 따라서 결정된다. 청자가 화자의 위장된 타당성 주장 이면의 의도를 간파하지 못하고 믿어 버리게 되면 화자의 의도는 성공할 것이요, 그렇지 않고 청자 쪽에서 화자의 타당성 주장을 의심하고 의문을 제기하는 경우 화자의 의도는 실패하게 될 것이다. 청자가 의문을 제기할 경우, 화자는 자신의 원래 의도가 상대방을 속이는 데 있었으므로 듣는 쪽에서 제기한 요청을 의사소통적인 방식으로 수용하려 하지 않을 것이다. 화자는 단순히 그 자리를 회피하거나, 좀 더 양심적인 사람이라면 청자에게 자신의 애초 의도를 고백하게 될지도 모르겠다. 그러나 다른 수단들을 동원해 계속해서 자기주장을 상대방이 받아들이도록 한다면 이 경우는 속임수의 수준을 넘어서 첫째 경우와 다를 바 없게 된다.

하버마스는 이런 행위를 가리켜 '전략적(strategic) 행위'라고 부른다. 언어적으로 매개된 상호작용의 맥락에서 전략적 행위는 존 랭쇼 오스틴(John Langshaw Austin)의 용어를 써서 표현하면 담화 행위(speech acts)를 통해 듣는 사람에게 혹은 주변 상황 전체에 대해 그 어떤 '발화에 의한(perlocutionary)' 효과를 일으키기 위한 목적으로 수행되는 행위를 가리킨다(Young, 1990:101~102).

따라서 나는 참여자 모두가 '발화를 통한 의사소통 행위

(illocutionary act)' 그 자체만을 목적으로 대화를 진행해 나가는 그런 언어적 상호작용을 의사소통적 행위로 보고자 한다. 이와 달리 대화 참여자들 중에 어느 한 쪽이라도 자신의 말을 수단으로 하여 듣는 쪽에 그 말의 내용과 의미상의 관련이 없는 그 어떤 효과를 발생시키려고 한다면 나는 이와 같은 행위를 가리켜 언어를 매개로 한 전략적 행위로 간주하겠다.(Habermas, 1984:290)

전략적 행위는 사람들의 담화 행위를 도구로 활용해 다른 목적을 달성하기 위한 행위라 할 수 있다. 여기서 한 가지 흥미로운 점은 전략적 행위 그 자체는 물론 그것이 명백히 의사소통적 행위로 분류되지는 않지만, 반드시 '나쁜' 행위로 간주될 필요가 없다는 점이다. 하버마스는 결코 전략적 행위 자체를 바람직하지 못한 행위라거나 피해야 할 행위라고 주장한 적이 없다. 심지어 다른 사람을 속이는 행위를 반드시 '나쁜' 행위로 파악해야 하는가의 문제는 아직은 종결되지 않은 질문으로 남아 있다고 보아야 한다.

참고문헌

Habermas, J.(1984). *The theory of communicative action: Reason and the rationalization of society: Vol I.* In T. McCarthy (trans.). Boston: Beacon Press.

McCarthy, T.(1978). *The critical theory of Jürgen Habermas.* Cambridge: The MIT Press.

Young, R. E.(1990). *A critical theory of education: Habermas and our children's future.* New York: Teachers College Press.

08

교육적 상황에의 적용 사례를 통한
의사소통적 행위의 이해

이 장에서는 의사소통적 합리성 개념을 교육적
맥락에 맞게 이해하는 일이 어떻게 이루어질 수
있는가를 탐색한다. 교실 수업 상황은 교사와
학생이 서로 간 상황 정의(定義)를 공유하고
특정한 경로를 통해 선정된 교과 지식을
이해하는 것을 목적으로 하는 생활세계의 한
측면이라고 할 수 있다. 교실 상황에서
발생하는 의사소통 행위의 여러 요소들을
의사소통적 합리성이라는 개념적 틀에 따라
펼쳐 보일 때, 그것들이 어떤 모습으로
드러날지 살펴본다.

의사소통적 행위로서의 교육

'교육'은 대표적인 의사소통 과정이다. 교육에는 무수한 인간사가 개입하고, 따라서 고려할 것들이 수없이 많지만, 그 가운데 가장 중요한 것은 어떤 규범적인 기준을 토대로 교육 주체들의 행위를 규제하는 규칙을 마련하는 것이다. 필자에 보기에 하버마스의 의사소통적 합리성 개념은 어떤 활동을 '교육'이라 지칭하기 위해 만족시켜야 할 본질적인 기준을 개념화하는 데 참조해야 할 중요한 규범적 원리를 제공하고 있다.

교육에 대해서 우리가 갖고 있는 한 가지 기본적인 생각은 교육은 '가르침'과 '배움'이라고 지칭되는 일련의 의사소통 행위들로 이루어진다는 점이다. 여기서 더 나아가 우리는 특정한 내용을 가르치고 배우는 일은 그 일에 참여하고 있는 사람들 간 가르치고 배우는 내용에 대한 합의 없이는 결코 가능하지 않다는 점도 기본적으로 가정하고 있다. 여기서 '합의'는 교과 내용과 관련해서 교사가 주장하는 바들을 학생들이 이해하고 그것들을 타당한 주장들로 받아들인다는 것을 의미한다. 교사는 그 내용을 다양한 방식으로 가르칠 수 있고, 학생들 또한 다양한 이유로 교사의 주장에 동의할 것이지만, 그것이 진정한 의미에서의 '합의'이기 위해서는 합리적인 방식으로 이루어진 것이라야 한다는 것이다.

하버마스의 '의사소통적 행위' 논제가 교육과 관련되는 것은 바로 이 대목에서다. 의사소통적 행위는 대화에 참여하는 사람들 간의 이해를 지향하며, 그것의 목적은 "상호 이해, 지식의 공유, 상호 신뢰와 조화를 통한 간주관적 공통성의 형성을 기반으로 한 합의를 이끌어 내는 것이다"(McCarthy, 1978:290). 교육은 가르침과 배움이라는 활동에 참여하는 사람들 간의 상호 이해를 논리적으로 가정한다. 우리가 가르치고 배우는 교과 내용은 서로 간에 이해 가능한 내용이며, 그것은 쌍방이 교사와 학생으로서 교과 내용에 관해 공통된 이해 기반을 지니고 있기 때문이라는 점을 명시적으로든 묵시적으로든 주장한다.

또한 우리는 교육을 논의할 때 교과를 가르치는 쪽과 교과를 배우는 쪽이 그 교과와 관련해 상이한 수준에 있다는 점을 상정한다. 현재 가르치고 배우는 교과에 관해서 학생이 교사보다 더 잘 알고 있다면, 이 교과에서 교사가 학생을 가르친다는 말은 무의미하다. 가르침과 배움이라는 개념은 그 자체로 이 상호작용에 참여하는 두 집단 간에 지식의 질과 양에 있어서 차이가 존재한다는 점을 가정하고 있다. '학생'과 '교사' 간의 교육적인 관계가 특정의 내용을 가르치고 배우는 활동에 의해 성립되어 있는 한,

학생이 교사를 가르친다거나 혹은 교사가 학생으로부터 배운다는 말은 논리적으로 모순이다. 교사와 학생은 오직 그들이 가르치고 배우는 교과 지식의 수준에 차이가 있을 때 비로소 '교사'와 '학생'으로서 관계를 형성한다.

여기서 중요한 점은 바로 교사와 학생 간의 가르침과 배움이 이루어지는 상황에서 어떤 일이 일어나는가 하는 점이다. 만약 이 상황에서 교사가 학생에게 진정으로 올바른 방식으로 교과를 가르치고자 한다면 교사는 첫째, 그 교과가 명제적인 지식일 경우 그것이 참임을 증명하고자 할 것이며, 둘째, 그 교과가 규범적인 맥락에 관한 것일 경우에는 그것이 올바르다거나 적절하다는 것을 증명하고자 할 것이다. 그리고 이 두 경우 모두 교사는 자기의 노력이 진실된 것임을 동시에 보이려고 할 것이다.

이것을 하버마스의 용어로 쓰면 다음과 같다. 교육적인 상황에 참여하는 사람들은 다음 네 가지 형태의 타당성을 주장한다. 첫째, 교사와 학생은 자신이 말하는 내용이 문법적으로 정확하며 따라서 상호 이해 가능한 것이라고 주장한다. 둘째, 교사와 학생은 현재 대화 주제가 객관적 세계에 관한 내용이라면 그것이 참이라고 주장한다. 셋째, 교사와 학생은 현재 대화 주제가 현존하는 규범과 가치에 관한 것이라면 그것이 올바르고 적절하다고 주장한다. 넷째, 교사와 학생은 객관적 사실에 대한 주장이든 규범적 가치에 관한 주장이든 그것들에 관해 말할 때 자신은 정직하고 진실하다고 주장한다.

교육적 상황에 참여하는 사람들이 제기하는 네 가지의 타당성 주장은 각각 교육적 관계가 붕괴되거나 혹은 방해를 받는 네 가지 모습으로 나타날 수 있다. 만약 말하고 있는 내용의 이해 가능성에 대한 주장이 의문시된다면, 교사와 학생 간의 상호작용은 쌍방 간 그것이 왜 그런지 인지하고 추가적인 설명이나 해명, 반복, 번역, 의미상의 약속 등을 통해서 오해를 해소해고 난 뒤에 계속될 수 있다. 만약 교사나 학생의 정직성이나 진실성이 의문시된다면, 예컨대 학생이 거짓말을 하고 있다고 교사가 의심한다거나 교사가 의도적으로 잘못된 사실을 받아들이도록 하고 있다고 학생이 생각하는 경우, 교사와 학생 간의 상호작용은 "확신, 행위의 일관성, 논리적인 결론을 도출하고 그것을 기꺼이 받아들이고 그것을 토대로 자신의 행위를 이끌어 가려는 태도, 책임과 의무를 기꺼이 받아들이는 성실성 등"(McCarthy, 1978:289)을 통해서 쌍방이 서로 간의 신뢰를 회복하고 난 후에 계속 진행될 수 있다.

담론적 상황과 교육적 의사소통

하버마스는 일상적으로 이루어지는 의사소통적 상호작용과 그 자신이 '담론'이라고 지칭하는 상황을 구분한다. 전자는 대화 참여자들 간에 제기된 타당성에 대한 주장들이 주어진 상황 내에서 다소간 큰 문제없이 받아들여지는 경우를 가리킨다. 반면에 후자의 경우는 통상적인 맥락에서의 상호작용에 어떤 불균형이 유발되고 서로 간에 제기된 주장의 타당성이 심각하게 문제시되어, 이제는 평소와는 다른 형태의 논의 방식이 필요하게 된 경우를 가리킨다. 매브 쿠크(Maeve Cooke)의 구분 방식에 따르면 전자는 대단히 초보적인 형태의 논증 과정으로, "그 논증에 동원된 이유나 증거들이 대화의 쌍방 간 공유하고 있는 전통과 그들이 공통적으로 살고 있는 공동체 내에서 합의된 규범 등에 의해서 사전에 결정된 것들로 받아들여지는 경우이며"(Cooke, 1997:30), 그 점에서 '관습적인' 상호작용이라고 할 수 있다. 한편 후자는 대단히 비판적이고 개방된 형태의 논증 과정으로, 이 경우 참여자들이 제기한 타당성 주장들 중 그 어떤 것도 비판으로부터 자유로운 것으로 간주되지 않는다. 양자의 구분이 후자에 더 주목하기 위한 것이라는 점은 명백하다.

담론적 상황은 통상적인 의사소통 과정이 중단되었을

때 그것을 오로지 현재 이루어지고 있는 논증과 관련된 증거와 이유들에 의해서만 해결하려는, 일종의 이념적인 상황이라고 할 수 있다. 담론 상황에 참여하는 사람들은 스스로를 오직 '보다 좋은 주장의 힘'에 종속시킴으로써 자신의 의사소통 행위를 현재 논의되고 있는 주제와 관련되지 않은 일체의 외적 요소들로부터 단절시킨다. 이 상황에서의 목적은 오로지 문제시되고 있는 주장이 타당한지 아닌지에 대해 그 주장과 관련된 증거들만을 토대로 대화 참여자 쌍방 간에 합의를 도출하는 것이다(McCarthy, 1978:292).

대화 주제가 객관적 세계에 관한 것이고 그에 대한 대화자 쌍방 간의 타당성 주장이 충돌할 때, 대화는 하버마스의 용어로 '이론적 담론(theoretical discourse)' 차원으로 접어들게 된다. 대화의 주제가 규범과 가치에 관한 것이고 그에 대한 대화자 쌍방 간의 타당성 주장이 서로 충돌할 때, 대화는 이제 기존의 행위 맥락을 넘어 하버마스의 용어로 '실천적 담론(practical discourse)' 상황으로 접어들게 된다.

객관적 사실을 주제로 한 의사소통의 경우에는 담론 과정이 불필요한 것 아닌가? 단지 사실을 정확하게 확인하기만 하면 되는 것 아닌가? 그렇지 않다. 왜냐하면 '진리'

라고 불리는 것 자체가 우리의 논증 활동과 밀접하게 연결되어 있으며, 결국은 대화자 쌍방 간에 비판적으로 검토하고 부정하고 수정하고 승인되어야 하는 '타당성 주장' 그 자체와 별도로 존재하는 것이 아니기 때문이다. "진리를 판별하는 기준과 진리에 대한 논쟁을 판결 짓는 기준은 궁극적으로 서로 분리될 수 없는 것"(McCarthy, 1978:303)이라고 보아야 하며, 따라서 합리적으로 이루어진 합의야말로 진리의 궁극적인 기준이 된다고 보아야 한다. 진리에 대한 상이한 주장들 간에 발생하는 갈등을 해소하는 일은 우리의 언어 사용 행위와 전혀 상관없이 존재할 것으로 상정되는 실재(實在)와의 대응에 의해서라든가 혹은 그러한 실재의 확실성에 대한 경험 따위에 의해서가 아니라, 합리적인 논증 과정 그 자체를 토대로 이루어진다.

상이한 타당성 주장들 간의 합의를 도출하는 과정은 단지 대화 참여자들 간에 아무렇게나 임의적으로 합의를 이끌어 내는 과정이 아니다. 그것이 합리적인 의사 결정 과정이라는 점은 그것이 어떤 엄격한 조건들을 만족시킴으로써, 단지 합리성의 외형만을 갖춘 의사결정 과정 혹은 그와 유사한 형태의 '위조(僞造)된' 합의와 구분되어야 한다는 점을 의미한다. 의사소통적 상호작용이 이론적 담론의 형태로 이루어질 수 있다는 사실은 그 자체로 진정한 합의가 위조된 합의나 '거짓 합의'와 구분되어야 한다는 점을 말해 준다. 하버마스에 따르면 합리적 합의는 오로지 '보다 좋은 주장의 효력'에 의해서 성취된 합의를 의미한다. 자신의 주장이 타당한 주장이라는 점을 합리적으로 논증하기 위해서는 현재 담론의 주제와 무관한 그 어떤 형태의 외적 제약이나 압력도 개입시켜서는 안 된다는 것이다.

이론적 담론에 작용하는 합리성의 특징들은 별다른 수정 없이 실천적 담론에도 그대로 적용된다. 이론적 논쟁의 논리와 실천적 논쟁의 논리가 서로 혼동되어서는 안 되지만, 그렇다고 해서 도덕적-정치적 영역은 이성이 작용할 수 없는 영역이며, 따라서 '보다 나은 주장의 효력'에 의해 해결될 수 없다는 것을 의미하지는 않는다. 이론적 담론 상황에서와 마찬가지로 실천적 담론 상황에서의 '진리' 또한 간주관적으로 성립된 규범의 세계를 토대로 이루어진 타당성 주장들을 합리적으로 평가함으로써 결정된다. 실천적 담론의 목적은 '올바른 것은 무엇인가'에 대해 합리적인 동의를 이끌어내는 데 있으며, 그 동의는 현재 진행되고 있는 논쟁에 관한 어떤 형태의 외적 혹은 내적인 제약이 없는 상태에서 오로지 제시된 증거와 그에 관한 논증에 의해서 이루어진 것이어야만 한다.

개념적인 차원에서 보았을 때 교육적 상황에서 이루어

지는 행위들은 합리성의 원리에 따라서 규제되는 의사소통적 상호작용과 같은 방식으로 설명될 수 있다. 교사와 학생 간의 상호작용은 특정 주제에 관해 명시적으로든 묵시적으로든, 네 가지 형태의 타당성을 주장하고 그것들에 대하여 동의함으로써 합리적인 동의를 향해 나아가는 대화 참여자들 간의 상호작용과 다를 것이 없다. '보다 나은 주장의 효력'이라는 개념과 '이상적인 담화 상황'의 개념은 교육적 상호작용과 이를 통한 합의가 오직 현재 가르치고 배우는 교과와 유관한 요소들에 의해서만 이루어져야 함을 요구한다. 실천적 담론의 가능성, 곧 도덕적-정치적 논쟁도 담론적 차원에서 이루어질 수 있다는 생각은 말하자면 '도덕적 가르침'과 '도덕적 배움'이라고 할 수 있는 것도 합리성의 개념과 연관 지어 논의될 수 있음을 함의한다. 요컨대 의사소통적 합리성 개념은 하나의 이상적인 교육적 상황의 모습을 제시함으로써, 현실적으로 이루어지고 있는 다양한 형태의 교육적 실천 상황들에 우리가 비판적 논의를 행할 때 기준으로 삼을 준거를 제공하고 있다.

참고문헌

Cooke, M.(1997). *Language and reason: A study of Habermas's pragmatics*. Cambridge: The MIT Press.

McCarthy, T.(1978). *The critical theory of Jürgen Habermas*. Cambridge: The MIT Press.

09

도덕적 관점 개념과
담론윤리학

의사소통적 합리성은 일차적으로 인지적 개념이지만, 하버마스는 합리성의 인지적 특성을 행위의 규범적 기준과 연관시키고자 한다. 하버마스의 담론윤리학(談論倫理學; discourse ethics)은 규범적 세계에서 이루어지는 사람들 간의 의사소통적 행위를 그의 '도덕적 관점' 개념을 토대로 재구성하는 합리적 도덕 이론이다. 이 장에서는 합리성과 도덕성 간의 개념적 관련을 하버마스의 도덕성 개념, 곧 의사소통적 합리성의 구조 속에서 규정되는 도덕적 관점 개념을 통해 파악한다.

도덕적 지식 또는 '도덕성'이란?

하버마스에서 의사소통적 합리성은 일차적으로 인지적 개념이다. 그러나 합리성의 의미 전체를 인지적, 실증적 테두리 내에 묶어 두었던 베버와 달리 하버마스는 합리성의 인지적 특성을 행위의 규범적 기준과 밀접히 연관시키고자 한다. 의사소통적 행위는 과학적 지식으로 이루어진 기술적(記述的) 세계만이 아니라, 실천적 지식으로 이루어진 규범적 세계와 자기표현을 통해 드러나는 행위 주체의 주관적 세계, 이 모두를 포괄하는 생활세계 전체를 그 대상으로 한다는 것이다. 하버마스의 담론윤리학은 특히 규범적 세계에서 이루어지는 개인들 간의 의사소통적 행위를 그의 '도덕적 관점' 개념을 토대로 재구성하는 합리적 도덕 이론이다.

일상적 삶을 살아가는 과정에서 우리는 다양한 형태의 실제적 활동에 종사하며, 이 활동들은 각각 특수한 전문적 지식을 필요로 한다. 예컨대 자동차를 운전하려면 그에 해당하는 특수한 종류의 지식을 갖추어야 하며, 바둑을 두더라도 바둑이라는 게임에 대한 특수한 지식을 갖추고 있어야 한다. 이는 변호사가 의뢰인을 변호할 때나, 관객의 입장에서 음악 작품이나 미술 작품을 감상할 때도 마찬가지다. 이렇게 본다면 '도덕적 활동'이라고 불리는 것 또한 그것에 특수한 전문적 지식을 필요로 한다고 해야 할 것이다.

제임스 월리스(James Wallace)에 따르면 인간 활동은 두 가지 범주로 나뉘는데 하나는 도덕적 활동이요, 다른 하나는 그 밖의 활동들, 예컨대 항해, 법률 활동, 농사, 의술, 음악 등의 활동이다(Wallace, 1996:13). 이들 활동을 일컫는 이름들은 그것 그대로 각각의 활동이 요구하는 전문적 지식을 가리키는 이름으로 쓰일 수 있다. 그리하여 후자의 활동들이 각각을 수행하는 데 필요한 전문적 지식을 필요로 하는 것과 꼭 마찬가지로 도덕적 활동 또한 그에 고유한 지식을 필요로 하는데, 우리는 이것을 가리켜 '도덕성(morality)'이라고 부른다.

도덕성은 우리에게 왜 필요한가? 도덕적 고려의 근원은 어디이며 그 필요성은 어디서 비롯되는가? 문제는 각기 상이한 목적을 추구하는 다수의 사람들이 동일한 집단 내에서 동일한 시대를 동시에 살고 있다는 점에서 출발한다. 이 말은 뒤집어 말하면, 서로 다른 가치를 추구하는 인간들이 한데 모여 살지 않거나 혹은 한데 모여 살더라도 그들이 철저하게 개별적인 삶을 산다면 도덕적인 문제는 발생할 여지가 없다는 말과 같다. 동일한 의미에서, 다수의 개인이 집단을 이루고 살면서 동일한 가치를 추구하고 산다면 여기에 '도덕적 문제'는 발생하지 않는다고 해야 할 것이다. 요컨대 도덕적 고려의 필요성은 다수의 가치가 개입되는 상황에서 그들 다수의 가치가 서로 갈등할 때, 그리고 갈등하는 가치들 간 조율의 필요성이 제기될 때 발생한다는 것이다.

월리스의 용어로 표현하면, 도덕적 고려의 필요성은 상이한 목적을 추구하는 상이한 활동들로 이루어진 인간 삶의 복잡성 그 자체에서 발생하는 것이라고 할 수 있다. 우리의 사회적 삶은 개별 인간이 타인과 철저하게 고립된 상태에서 자기만의 가치를 추구하면서 사는 일을 허용하지 않는다. 사람들은 제각각의 목적과 가치를 추구하고 사는 동안 자기와 다른 활동에 종사하는 사람들과 만나며 이들과 갈등을 겪기도 한다. 개인 차원에서 여러 가치를 동시에 동일한 정도로 추구하는 것은 불가능하다. 사회적 존재로서 우리는 서로 다른 다수의 가치와 목적을 추구하면서 살고 있고, 이 과정에 발생하는 개인과 개인 간, 혹은 가치와 가치 간의 갈등 문제를 처리해 나가는 데 필요한 지식을 습득하고 전수해야 할 필요가 있다. 도덕적 고려의 필요성은 바로 여기에서 제기된다.

하버마스를 논의하기 전에 월리스를 먼저 살펴 본 것은 두 학자 모두 도덕성의 문제를 모종의 추상적 원리를 구축하고 그것을 개별 실천 상황들에 일방적으로 적용하는 문제가 아니라, 인간이 개입하는 전문화된 활동들에 붙박여 있는 다양한 규준들을 동시에 고려 대상으로 삼고 각각의 규준이 다른 규준들을 침해하지 않도록 그것들을 수정하고 조정해 나가는 일이라는 점에 주목하고 있기 때문이다. 도덕성은 일종의 지식이라는 점, 그리고 그것이 맡은 일은 전문화된 활동들 간에 발생하는 갈등을 상대적 경중에 따라 조정하는 일이라는 점 등에 특별히 주의를 기울일 필요가 있다. 중요한 것은 도덕적 활동을 이와 같이 정의하는 일이 가능하고 또한 그 일이 성공하려면 각 활동 분야의 전문가들이 한데 모여서 주어진 상황에서 가장 적절하다고 판단되는 활동 규준은 무엇인지에 대해 토론하고 그에 관해 쌍방 간에 이해를 지향하는 일이 필수적인 조건이라는 점이다. 그리고 이는 의사소통적 합리성을 토대로 개념화된 하버마스의 도덕성 개념과 자연스럽게 연결된다.

'도덕적 관점'의 개념

도덕성이 인간 삶에 대단히 중요한 지식이기는 하지만, 실천 행위는 도덕성만을 기준으로 수행되지 않는다. 하버마스는 개인이 자신의 실천적 행위를 합리적으로 수행토록 하는 기준, 곧 '실천적 합리성'을 크게 세 가지로 분류한다. 이 세 가지 실천적 합리성에 따른 사고를 우리는 각각 목적

합리적 사고, 윤리적 사고, 도덕적 사고라고 부를 수 있다.

첫째는 베버에 의해서 체계적으로 분석된 '목적합리성'이다. 목적합리성은 우리가 행위를 수행하는 데 하나의 강력한 기준을 제공한다. 앞에서 이미 검토했듯이 목적합리성에 따른 실천적 사고는 행위를 수행하기 이전에 어떤 목적(그것이 무엇이든 상관없이)이 주어졌을 때 그 목적을 달성하는 데 가장 효과적인 수단이 무엇인지를 가려내는 사고를 가리킨다.

둘째는 위의 목적합리적 행위가 수행되는 데 전제가 되었던 이미 주어진 가치 혹은 목표 그 자체가 문제시될 때 작동하는 합리성이다. 하버마스는 이 경우 행위 주체의 '무엇을 해야 할 것인가'에 대한 사고는 목적합리성의 지평을 벗어난다고 말한다. 여기서 문제가 되는 것은 단순히 이미 주어져 있는 목표의 성격에 비추어 '그것을 달성하는 전략을 어떻게 마련하는가'에 관한 것이 아니라, 도덕적 행위 주체의 보다 포괄적인 삶의 맥락 속에서 그의 행위는 '어떤 방식으로 수행되어야 하는가'에 관한 것이라고 할 수 있다. 그러므로 '나는 무엇을 해야 할 것인가'라는 질문은 이제 '나는 누구이며 어떤 사람이 되려고 하는가'의 형태로 전환된다. 이 형태의 실천적 합리성이 발휘되는 사고 과정은 이제 특정 사회·문화적 맥락 속에서 삶을 사는 주체가 스스로를 어떤 방식으로 이해하고 있는지와 밀접히 관련되어 진행된다.

실천적 합리성을 행위자의 사회·문화적 맥락과의 통합으로 규정하는 이 관점은 아리스토텔레스 윤리학에 그 뿌리를 두고 있다. 하버마스에 의하면 아리스토텔레스 이후 가치에 대한 판단은 '좋은 삶'이란 무엇인지에 대한 것이 되었으며, 이러한 '좋은 것'이 무엇인지를 탐구하는 실천적 이성은 윤리학의 영역에 속하게 되었다. '윤리 실천적(ethical-practical)' 이성의 핵심은 그것이 행위 주체의 스스로를 이해하려는 노력과 맞물려 있다는 점에 있는데, 이러한 자기 이해는 비단 현재의 자기만이 아니라 앞으로 되고자 하는 자기까지 포함한다. "개인의 정체성은 주체가 자신을 어떻게 파악하고 있는지와 자신을 어떻게 파악하고 싶어 하는지, 곧 현재의 자신의 모습과 장차 성취하고자 하는 자신의 모습 두 가지에 의해서 동시에 결정된다"(Habermas, 1993:4).

마지막으로 셋째, 실천적 이성을 통한 사고는 주체의 행위가 타인의 이익에 미칠 영향과 그들 사이에서 발생할지도 모를 갈등을 고려하는 일을 포함할 때 또 다른 형태를 띠게 된다. 이 관점에서 행위자는 갈등에 특별히 주의를 기울이고, 그것을 어떻게 하면 자신을 포함한 다른 행위자들의 이익과 가치를 동일한 정도로 공평무사하게 고려하는 가운데 해소할 수 있을지를 탐색한다. 하버마스는 한 사태에 참가하고 있는 사람들 간의 갈등을 공정하게 처리하려는 이러한 노력을 가리켜 '도덕적 관점(the moral point of view)'이라고 명명한다.

'도덕적' 사고와 앞의 목적합리적 사고 혹은 윤리적 사고 간의 근본적인 차이는 비교적 분명해 보인다. 후자의 관심이 일차적으로 행위자 자신에게 있다면 전자의 관심은 그것을 넘어선다. 행위를 목적합리성에 따라 수행할 때 행위자에게 자신과 갈등을 빚는 타인의 이해 관심은 오직 자기 목표를 실현하는 방해물로 간주된다. 윤리적 사고의 주체 또한 일차적인 관심은 나를 '좋은 삶'의 맥락 속에 위치 짓고 내 행위의 방향을 이 맥락에서 규정하려 할 뿐, 타인과 발생하는 갈등을 배려하고 그 갈등을 공평한 입장에서 처리해 나가는 일은 부차적인 것으로 간주한다.

'무엇을 할 것인가'라는 질문이 개인과 개인 간의 관계 상황에서 제기될 때 그에 상응하는 실천적 이성의 작용, 곧 '도덕적' 추론 활동은 우리 공존의 질서가 이해 관심들 간의 대립에 의해 무너짐으로써 초래된 갈등 상황에서 어떤 행동이 적절할 것인지를 명백히 하는 데 집중된다. '도덕적'으로 사고함으로써 행위자는 자기 자신의 필요와 이익만을 고려하지 않고 그것을 넘어 타인의 필요와 이익을 함께 고려한다. 도덕적 실천 이성은 행위자들 상호 간의 권리와 의무를 규정하는 규범들을 정당화하고 적용하는 일에 주로 개입한다. 이러한 담론 작업이 궁극적으로 의도하는 바는 규범에 따른 행위의 영역 내에서 갈등을 해소하는 방식에 관해 참가자 모두로부터 합의점을 도출하는 일이다.

하버마스의 담론윤리학은 바로 이런 관점에서 해석된 도덕성 개념을 뼈대로 하고 있다. '도덕적 관점'의 기본 아이디어는 간단히 말해 행위를 수행할 때 다른 사람의 이익을 함께 고려해야 한다는 점이다. 다른 사람의 이해(利害)와 가치를 고려하고 이로써 나와 그들 사이 발생하는 갈등을 공평한 입장에서 처리한다는 아이디어는 어렵지 않게 짐작할 수 있듯이 '정언 명령'으로 형식화된 이마누엘 칸트(Immanuel Kant)의 보편적 도덕성 원리에 이미 나타나 있다. 하버마스는 자신의 담론윤리학에서 칸트의 도덕 이론을 지탱하고 있는 인지주의적, 보편주의적 토대를 재확인함으로써 자율성과 실천이성의 개념을 재해석한다. 그러나 하버마스는 이 일을 칸트가 정언 명령을 설명할 때 의존했던 형이상학적 가정들에 의존함으로써가 아니라, 보편성의 원리를 담론의 체계 내에서 재구성함으로써 이루려고 한다.

참고문헌

Habermas, J.(1993). *Justification and application: Remarks on discourse ethics*. In C. Cronin(trans.). Cambridge: The MIT Press.

Wallace, J. D.(1996). *Ethical norms, particular cases*. Ithaca: Cornell University Press.

10

의사소통적 행위 맥락에서 재구성된 보편주의 도덕이론

하버마스가 말하는 '도덕적 관점'의 뿌리는 칸트에 있다. 그러나 하버마스는 도덕성의 보편주의적 토대를 고립된 개인의 도덕의식으로부터 여러 개인이 모여서 대화를 수행하는 의사소통적 공동체로 옮겨 놓았다. 하버마스의 담론윤리학은 칸트의 정언적 명령을 도덕적 논증의 절차로 대체해 놓았다. 이 장에서 우리는 도덕성의 기준을 개별 행위 지침의 보편화 가능성에 두는 근대적·관점이 하버마스의 의사소통적 행위 이론에서 어떤 형태로 개념화되고 있는지를 고찰할 것이다.

칸트 윤리학적 뿌리

칸트 윤리학을 접해 본 사람이라면 쉽게 짐작할 수 있듯이 하버마스가 제안하고 있는 '도덕적 관점'의 뿌리는 칸트의 도덕 이론에 있다. 하버마스의 도덕 이론은 칸트의 전통에 대단히 근접해 있다(McCarthy, 1990:vii). 하버마스의 담론윤리학은 그 인지주의적 특징에서, 그리고 공평성과 자율성 개념을 해석하는 데서 보이는 보편주의적 특징에서 칸트주의의 색채를 짙게 풍긴다(Cronin, 1993:vi).

하버마스에 의하면, 도덕적 관점은 우리가 자신의 행위 규칙, 곧 격률(格率; maxim)을 타인의 그것과 비교하고 양자가 서로 양립 가능한지를 시험해 보는 일과 함께 시작된다. 여기서 칸트적 의미에서의 격률은 "개인이 자신의 행위를 습관적으로 규제할 때 적용하는 다소간 사소하다고 할 수 있는, 상황에 따른 행위의 규칙이다"(Habermas, 1993:7). 도덕적 질문의 내용은 '내가 행위의 지침으로 삼고자 하는 격률이 다른 사람들에게도 동일하게 행위의 지침이 될 수 있는가' 하는 것이다. 그리고 이는 칸트의 '정언 명령' 개념이 기본적으로 의미하는 바다. 행위 지침으로서의 격률은 오직 보편적 법칙으로 간주될 때에만 권위를 부여받을 수 있다는 것이다.

우리의 행위는 그것이 정언 명령이 명하는 바에 부합할

때 비로소 도덕적인 행위가 된다. 여기서 정언 명령이 명하는 바는 곧 보편성의 원리를 만족시켜야 한다는 것이다. 칸트가 말하는 정언 명령, 곧 보편성의 원리는 세 가지의 형식으로 표현된다. 첫째, 그 어떤 것이 나에게 올바른 것으로, 혹은 나에게 하나의 임무로 요구된다면 그것은 다른 사람들에게도 똑같이 올바른 것으로, 혹은 임무로 요구되는 것이어야 한다. 우리가 행위를 수행할 때에 따르는 규칙은 다른 사람들에게 적용되었을 때에도 동일한 행위를 수행하도록 하는 규칙이어야 한다. 여기서 '동일한 행위'는 객관적으로 동일한 행위를 의미한다.

예컨대 나에게 다른 사람을 속여서 이득을 취하라는 명령, 곧 '갑에게 거짓말을 하라, 왜냐하면 그렇게 함으로써 내가 이익을 볼 수 있기 때문이다'라는 규칙은 보편성의 원리를 충족시키지 못한다. 갑을 속이는 행위를 수행할 때 내가 택했던 규칙을 반대로 갑이 자신의 행위에 적용했을 때, 앞의 경우와 반대로 내가 속임을 당하는 결과가 초래되기 때문이다. 이는 동일한 규칙을 나에게 적용했을 때와 다른 사람에게 적용했을 때 상이한 결과가 초래된다는 점에서 보편성의 원리에 위배된다. 마찬가지로, 전쟁터에서 '내가 쏘는 이 총알이 모든 적을 무찌르게 하옵소서'와 같은 기도는 결코 도덕적인 기도가 될 수 없다. 동일한 기도를 내가 하는 경우와 적이 하는 경우 상반된 결과, 즉 한 편의 승리와 상대편의 패배를 초래하기 때문이다.

정언 명령의 둘째 형식은 행위를 할 때 나와 다른 사람 모두를 수단이 아닌 목적으로 대우해야 한다는 것이다. '수단'과 '목적'은 서로 상대적인 개념이므로, 당연한 말이지만 대상을 목적으로 대한다는 말은 곧 그것을 수단으로서 대하지 않는다는 말을 의미한다. 이 둘째 형식은 사람들이 서로를 단지 수단-목적의 관계로 대해서는 안 된다는 점을 말해 주는 것이라고 하겠다. 중요한 것은 이 둘째 형식도 첫째 형식으로부터 따라 나온 것이라는 점이다. 만약 내가 '갑'이라는 사람을 어떤 다른 목적을 성취하기 위한 수단으로 대한다고 하면, 거꾸로 그 사람이 나를 자신의 목적을 성취하기 위한 수단으로 삼는 일이 언제든 가능하다. 어느 경우이든 간에 한 쪽은 수단이 되고, 다른 한 쪽은 그것을 수단으로 해 목적을 성취하고자 하는 쪽이 된다. 그러므로 이는 보편성의 원리에 어긋난다.

정언 명령의 셋째 형식은 우리가 어떤 행위를 수행할 때 우리는 항상 행위의 주인이 되고 우리 행위 규칙의 입법자가 된다는 것이다. '어떤 규칙에 따라 행위한다'는 말은 곧 자신을 그 규칙에 복종시킨다는 의미지만, 이는 동시에 그 규칙에 대해 내가 주인이 된다는 말을 의미한다.

나는 규칙을 따르지만 또한 그 규칙을 성립시키기도 한다. 곧 나는 내가 성립시킨 규칙을 따르는 것이다. 내가 따르는 규칙은 그 어떤 외부의 힘에 의해서 나에게 강요된 것이 아니라 내 스스로에 의해서 부과된 것이므로, 비록 그 규칙에 나 자신이 복종한다고 하지만 그렇게 함으로써 나는 나의 자유로운 의지를 유지하고 있는 것이다.

보편성의 원리와 개인의 자율성 개념을 토대로 한 정언 명령은 우리가 '근대'라고 지칭하는 시기에 형성된 철학적 인식의 산물이라고 할 수 있다. 그것은 인간 행위의 도덕성을 다양한 형태의 전통적인 이데올로기들이 아닌 이성 그 자체 위에 건조(建造)하고자 하는 노력의 일환이다. 이는 "근대에 들어 독특하게 제기된 문제는 이성은 이제 이성 그 자체 이외의 다른 어떤 것(전통, 신화, 종교 등)에도 의지할 수 없게 되었다는 점"(Rasmussen, 1990:8)을 인식하는 일로부터 시작된, 이른바 '근대성'에 대한 담론으로부터 나온 것이다.

칸트의 보편성 원리는 일종의 소극적 논증에서 출발한다. 이는 경험적 동기를 도덕적 행위의 토대로 삼지 않는다는 뜻이다. 도덕적 행위의 주체에게서 경험적 동기를 제거하고 난 후 칸트의 도덕성은 주체로 하여금 오직 의무에 의해서만 행위를 수행하도록 요구한다. 그리하여 칸트에게 도덕적 반성 작업은 '내 행위의 격률을 다른 사람들이 그들 행위의 기준으로 삼는 것을 나는 용납할 수 있는가', 곧 '내 행위의 격률이 보편적 법칙으로 받아들여질 수 있는가'를 대상으로 수행된다.

하버마스 도덕 이론의 관심사는 일차적으로 '서로 갈등하는 이해 관심을 어떻게 하면 공평하고 편견 없이 처리할 것인지'의 문제와 '무엇이 올바른 것이고 정의로운 것인지'를 판단하는 문제에 대한 논의들로 구성된다. "가치 체계로 무장된 우주론의 소멸과 신성불가침적 세계의 해체는 '나는 (혹은 우리는, 혹은 인간은) 어떻게 살아야 하는가' 라는 질문에 대한 해답을 근대적 삶의 되돌릴 수 없는 다원주의 속에서 찾도록 만들었다"(McCarthy, 1990:vii). 도덕성을 개인의 자율성과 정언 명령의 개념 위에 구축하는 일은 하나의 역사적 필연인 듯하다. 전통 사회에서 근대 사회로 변천되어 가는 과정에서 종교와 형이상학적 세계관은 개인 간의 상호작용을 규제하는 합의된 규범 체제로서의 기능을 상실하게 되었고, 그 대신에 자율성을 지닌 개인이 도덕적 세계의 중심으로 등장하게 된다(Cronin, 1993:xii~xiii).

의사소통적 공동체 맥락에서 성립된 도덕성

그러나 하버마스가 채택한 보편성 혹은 보편화 가능성 (universalizability)의 원리는 몇 가지 중요한 점에서 칸트의 그것과 구분될 필요가 있다. 하버마스의 담론윤리학은 칸트의 정언 명령을 도덕적 논증의 절차로 대체했다. 이제 규범적 정당화 작업은 '합리적 의사소통 과정을 통해서 도출된 합의'의 관점에서 재규정된다.

> 정언 명령은 다음과 같이 재구성될 필요가 있다. "내 행위의 격률이 보편적 법칙으로 성립할 수 있는 이유를 다른 사람들이 그 타당성을 인정하기 때문이라는 점에서 찾는 대신, 이제는 내 행위의 격률을 다른 모든 사람들이 그것의 보편성을 담화를 통해 시험할 수 있도록 내놓아야 한다. 이는 강조점이 개별 주체의 의도가 모순되지 않으면 일반적 법칙이 된다고 한 것에서 모든 사람이 합의할 수 있어야 보편적 규범으로 성립한다는 것으로 바뀐 것이다."(Habermas, 1990:67)

하버마스의 보편성 원리에서 가장 중요한 점은 그 보편성의 토대가 '고립된 개인'의 도덕의식으로부터 여러 개인이 모여서 대화를 수행하는 '의사소통적 공동체'로 전이되었다는 점이다. 하버마스에 따르면 칸트의 자율의지는 의사소통하는 개인들 간의 도덕적 관계로부터 특이한 형태로 추상화된 개념이다. 칸트의 도덕적 유아론(唯我論)이 보편성을 획득할 수 있다면 그것은 오직 모든 합리적 존재들의 사고 과정을 사전에 일치시키는 일(이는 현실적으로 불가능하다)을 통해서만 가능하다(McCarthy, 1978:326). 칸트의 도덕 이론에 나타난 인지주의적, 보편주의적 주장들은 하버마스의 담론윤리학에서 대화의 개념을 토대로 재구성된다.

행위나 주장의 타당성 여부가 공동체적 맥락을 토대로 결정된다는 아이디어는 하버마스 담론윤리학의 한 핵심을 구성한다. 또한 하버마스는 우리가 일상적으로 경험하는 도덕적 감정에도 객관성을 부여할 수 있다고 주장한다. 죄책감이나 책임감 등의 도덕적 감정들은 결코 어떤 자의적이고 사적(私的)인 정서 상태가 아니라는 것이다. 죄책감이나 책임감 등의 감정을 경험할 때 우리는 항상 이러한 감정이 모종의 공적 맥락과 관련되어 있다는 점을 상정하지 않으면 안 된다. 요컨대, 상이한 규범들 중 어떤 것을 선택해야 하는지에 대한 질문들 또한 '참'과 '거짓'의 기준에 따라 탐구될 수 있으며, 따라서 도덕성에도 객관성의 개념을 적용할 수 있다는 믿음은 도덕적 진술 또한 진리로 간주될 수 있다는 점을 믿는 일과 같다.

그런데 여기서 한 가지 주의해야 할 점은 하버마스는 '규범적 진술이 참이거나 거짓인 것은 기술적(記述的) 진술이 참이거나 거짓인 것과 의미상 동일하다'는, 이를테면 조지 무어(George Moore)의 직관주의(intuitionism)와 같은 관점들에 강하게 반대하고 있다는 점이다. 하버마스는 '도덕적으로 올바르거나 그르다'는 판단을 '경험적으로 (empirically) 참이거나 거짓이다'는 판단과 동일한 종류로 간주하는 견해에 반대한다. 도덕적 판단의 과정에서 제기되는 주장은 경험적 증명을 요하는 주장들과 결코 동일하지 않다는 것이다. 특정 도덕적 판단이 옳은가 혹은 그른가를 묻는 일은 그 판단 과정에서 제기된 독특한 형태의 '타당성 주장'을 확인하는 작업을 필요로 하며, 이 일에도 또한 공적으로 인지할 수 있는 이유들을 토대로 한 합리적 비판 과정이 적용된다. 하버마스가 담론윤리학에서 의도했던 바는 규범적 정당성에 대한 주장이 어떤 점에서 합리적 대화의 주제가 될 수 있는지, 곧 규범적 정당성에 대한 주장은 어떤 점에서, 공적인 토대 위에서 전개되는 담론의 장 내에서 담론의 주체들이 각기 제기하는 주장과 반론이 서로가 인정하는 근거들을 토대로 경합하는 가운데 합리적으로 다루어질 수 있는지를 보이는 데 있었다(Cronin,

1993:xvi).

하버마스의 보편주의적 도덕성 논의가 칸트의 정언 명령 개념에서 출발하고 있다는 점은 부정할 수 없지만, 우리는 도덕적 규범이 절대적, 보편적 '당위'의 진술로 표현되어 있다고 해서 그것만으로 보편성의 요건을 충족시키는 것은 아니라는 점에 유의할 필요가 있다. 규범적 진술의 문법적 형식만으로는 타당성을 지닌 도덕적 명령의 충분조건이 될 수 없다. 칸트의 보편성 원리를 보완하려면 해당 도덕적 명령에 의해 잠재적으로 영향을 받을 수 있는 사람들까지를 포함하는 구성원 모두의 이해(利害)와 필요를 고려해야 한다.

따라서 어떤 규범이든지 타당성을 인정받기 위해서는 다음과 같이 형식화된 '보편화 가능성'의 조건을 충족시키지 않으면 안 된다. 곧, "모든 사람들이 자신들의 이익을 만족시키려는 의도에서 그것을 준수했기 때문에 발생하게 될 결과와 그 부작용들을 받아들일 수 있어야 한다"(Habermas, 1990:65)는 것이다. 규범은 오직 일반적인, 혹은 일반화가 가능한 이익에 상응할 때만 올바른 것이 될 수 있다. 이제 담론을 수행할 때 우리가 가정하는 바를 고려하면 보편화 가능성의 원리는 다음과 같이 단순한 형태로 진술될 수 있다. 어떤 사람도 배제되어서는 안 된다. 모든 사람이 자신의 주장을 개진하고 타인의 주장을 비판할 권리를 가져야 한다. 오직 공통된 이해(利害)를 규제할 수 있는 규범만이 타당성을 부여받을 수 있다.

보편성의 원리는 특정한 상황에 처한 구성원들 모두가 공통적으로 수용할 수 있는 방식으로 문제를 해결하게 하는 실천적 논증의 절차적 원리를 제공한다. 보편성의 원리는 비록 특정한 형태의 규범을 직접적으로 제시해 주지는 않지만, 규범들이 만족시켜야 할 조건을 지정해 준다. 따라서 이러한 보편성의 원리에 입각한 실천적 담론의 구조에 의해 구성원 각자는 제안된 규범의 타당성을 조사할 때 자신 외의 다른 모든 사람들의 관점까지 고려해야만 한다.

참고문헌

Cronin, C.(1993). Translator's introduction. In J.
 Habermas(wrote.), C. Cronin(trans.). *Justification and
 application: Remarks on discourse ethics*. Cambridge: The
 MIT Press.

Habermas, J.(1990). *Moral consciousness and communicative
 action*. In C. Lenhardt & S. W. Nicholsen(trans.).
 Cambridge: The MIT Press.

Habermas, J.(1993). *Justification and application: Remarks on
 discourse ethics*. In C. Cronin(trans). Cambridge: The MIT
 Press.

McCarthy, T.(1978). *The critical theory of Jürgen Habermas*.
 Cambridge: The MIT Press.

McCarthy, T.(1990). Introduction. In J. Habermas(wrote.), C.
 Lenhardt & S. W. Nicholsen(trans.). *Moral consciousness
 and communicative action*. Cambridge: The MIT Press.

Rasmussen, D. M.(1990). *Reading Habermas*. Cambridge: Basil
 Blackwell.

위르겐 하버마스'

철학자이자 비판적 사회이론가. 1929년 독일 서부 노르트라인 베스트팔렌 주(州)의 뒤셀도르프에서 태어났고 굼머스바흐에서 자랐다. 종전 후에 괴팅겐대학교, 취리히대학교, 본대학교에서 수학했고, 1954년 본대학교에서 프리드리히 셸링에 관한 논문으로 철학 박사 학위를 취득했다. 1956년부터 1959년까지 프랑크푸르트대학교의 사회연구소에서 테오도르 아도르노의 수석 조교로 일했다. 1961년에 논문 『공론장의 구조 변동』이 마르부르크대학교의 볼프강 아벤트로트에 의해 통과되어 교수자격을 취득했다. 1961년과 1962년에 마르부르크대학교와 하이델베르크대학교에서 가르쳤고, 1964년에 막스 호르크하이머의 후임으로 프랑크푸르트대학교 철학 및 사회학 교수로 취임했다. 신좌파 운동과 관련하여 발생한 학생들과의 갈등으로 1971년에 프랑크푸르트대학교를 떠나, 10년 간 슈타른베르크 소재 막스 플랑크 연구소의 소장을 역임했다. 1983년 프랑크푸르트대학교로 복귀하여 1994년에 퇴임했다. 이후 미국 노스웨스턴대학교와 뉴욕대학교 등, 전 세계를 돌며 강의와 집필 활동을 이어가고 있다. 주요 저서로 『공론장의 구조 변동』(1962), 『이론과 실천』(1963), 『인식과 관심』(1968), 『의사소통적 행위 이론』(1981), 『근대성의 철학적 담론』(1985), 『사실성과 타당성』(1992) 등이 있다.

한기철

경인교육대학교 교육학과 교수다. 일리노이대학교에서 위르겐 하버마스의 의사소통적 행위 이론을 다룬 논문으로 박사 학위를 취득했다. 고대 헬라스·로마 교육사상, 르네상스 인문주의, 비판이론, 공화주의 등에 관심을 갖고 있다. 주요 저서로 『포스트휴머니즘과 교육학』(공저, 2021), 『교육과 정치』(공저, 2021), 『교육의 본질을 찾아서』(공저, 2020), 『지식의 성격과 교육』(공저, 2019), 『교육철학 및 교육사』(공저, 2016), 『하버마스와 교육』(2008) 등이 있고, 역서로 『이소크라테스: 「소피스트들에 대하여」, 「안티도시스」, 「니코클레스에게」』(2016), 『다문화시대 대화와 소통의 교육철학』(공역, 2010) 등이 있다. 논문으로 "'노모스-퓌시스 대립명제'에 나타난 소피스트들의 비판적 사유"(2021), "기술-미래 담론의 성격과 교육철학적 사유의 방향"(2020), "공화주의 교육론을 위하여"(2019) 등이 있다.